ORANDA FUSETSUGAKI by Fuyuko MATSUKATA
(c) Fuyuko MATSUKATA 2010, Printed in Japan
Korean translation copyright (c) 2023 by Beanshelf
First published in Japan by CHUOKORON-SHINSHA, INC.
Korean translation rights arranged with CHUOKORON-SHINSHA, INC.
through Imprima Korea Agency.

-본 역서는 재단법인 플라톤 아카데미의 "일본사 새로보기 출간 지원사업"
의 연구 결과로 수행되었음
-This work was supported by the "A Rethinking on the Japanese History"
Funding Program of Foundation Academia Platonica

네덜란드 풍설서 – '쇄국' 일본에 전해진 '세계'

1판 1쇄 발행 2023년 12월 1일
마쓰카타 후유코 지음 이새봄 옮김
편집 정철 표지 디자인 김상만
발행 정철 출판사 빈서재
이메일 pinkcrimson@gmail.com
ISBN 979-11-980639-0-8 (94910)

빈서재는 근현대사 고전 전문 출판사를 지향합니다. 번역하고 싶은 고전이
있다면 연락주세요. 제타위키에서 '빈서재 출판사'를 검색하시면 다양한
정보를 더 얻을 수 있습니다. https://zetawiki.com/wiki/beanshelf
이 책의 본문 편집은 LaTeX로 작업되었습니다. 많은 도움을 주신 KTUG
회원 여러분께 감사드립니다. http://ktug.org

네덜란드 풍설서
'쇄국' 일본에 전해진 '세계'

オランダ風説書
―「鎖國」日本に語られた「世界」

마쓰카타 후유코 지음, 2010년
이새봄 옮김, 2023년

빈서재

지은이 마쓰카타 후유코(松方冬子). 1966년 출생. 도쿄(東京)대학 사료편찬소 교수. 도쿄대학 문학부를 졸업하고 동대학원에서 박사학위를 받았다. 2007년 박사학위 논문을 단행본으로 출간한『네덜란드 풍설서와 근세 일본(オランダ風說書と近世日本)』으로 가도카와겐요시(角川源義賞) 상을 받았다. 편저로『別段風說書が語る19世紀―翻譯と硏究―』(東京大學出版會, 2012),『國書がむすぶ外交』(東京大學出版會, 2019) 등이 있다.

옮긴이 이새봄. 1980년 출생. 세이케이(成蹊)대학 법학부 정치학과 교수. 도쿄대학에서 19세기 일본사상사 전공으로 학위를 받았다. 박사학위 논문을 토대로『「自由」を求めた儒者-中村正直の理想と現實』(中央公論新社, 2020)를 출간했다. 저역서로『메이로쿠 잡지』(빈서재, 2021), 와타나베 히로시(渡邊浩)의『동아시아의 왕권과 사상』한국어 번역본(고려대학교출판문화원, 2023)이 있다.

□ 일러두기

1. 외래어의 우리말 표기는 기본적으로 국립국어원의 외래어표기법에 따른다.
2. 일본어 표기는 한국인에게 비교적 익숙한 표기가 있거나 이해가 가능할 경우 우리말이나 한자음을 사용했고, 그 외의 인명과 지명 및 일본 역사용어는 일본어 그대로 표기한다. 서명의 경우는 기본적으로 같은 기준을 따르되, 필요시 독자의 이해를 위해 우리말 번역을 덧붙인다.
3. 이 책에서는 원칙적으로 당시 네덜란드인이 사용했던(그리고 현재 우리가 사용하는) 서양력(그레고리오력)을 사용한다. 인용한 일본어 사료 속의 연월일은 일본력(和曆)이다.
4. 지명은 원칙적으로 네덜란드어 사료 상의 대조하여 표기하고 현행 지명을 주기했다.
5. 원주로 표시된 것은 저자의 주석이고 나머지는 모두 역자주이다.
6. 사료에 포함된 〔 〕는 원래 포함된 할주이다. [ ]는 저자 혹은 역자가 포함한 보조설명이다.
7. 네덜란드어 사료를 인용하는 경우 인용 뒤에 참조한 번역 사료집을 ( )안에 넣어 표시했다. ( )가 없는 것은 네덜란드어 사료 원전을 필자가 번역한 것이다.
8. 네덜란드어 사료를 인용할 때는 기간 번역 사료집을 참조한 경우를 포함해 가독성을 우선시하며 의미를 훼손하지 않는 범위에서 어구를 더하거나 빼고 표현을 바꾸었다.

차 례

차 례 6

들어가는 말 21

제 1 장 '통상' 풍설서 25
  1.1 나가사키와 '네개의 창구' 26
  1.2 '쇄국' 정책의 '가상의 적' 31
  1.3 종류·빈도·내용 34
  1.4 두터운 연구사 37
  1.5 '원문'이 존재했다는 통설 39
  1.6 통사가 남긴 기록 41
  1.7 풍설서의 초안 43
  1.8 또 다른 초안 48
  1.9 '원문'은 존재하지 않았다 51

제 2 장 무역허가조건으로서의 풍설서 55

2.1	'네 개의 창구'의 정비	56
2.2	네덜란드의 움직임	59
2.3	정보 제공의 의무 공시	60
2.4	막부의 논리	62
2.5	네덜란드 풍설서의 '성립'	64
2.6	포르투갈 사절 내항 정보	67
2.7	통사 영향력의 크기	70
2.8	포르투갈과 영국 공모의 소문	72
2.9	포르투갈 사절의 바타비아 기항	75
2.10	네덜란드와 포르투갈의 휴전	78
2.11	막부의 견책	79

제 3 장 풍설서의 관례화 **83**

3.1	동아시아 동란의 최종 국면	84
3.2	사라져 버린 정보	85
3.3	일본어문 문서의 작성 명령	88
3.4	'유럽과 동인도'의 정보	91
3.5	프랑스 동인도회사 설립과 카롱	92
3.6	풍설서를 네덜란드어로 번역하다	96
3.7	프랑스 사절 내항 정보	98
3.8	리턴호 사건	101
3.9	네덜란드 측의 사정	103
3.10	정보 집산지로서의 네덜란드 공화국 . . .	104
3.11	다른 하나의 정보 집산지, 바타비아	106

3.12	네덜란드 동인도회사의 정보 배포망	108
3.13	회사에게 정보의 의미란	113

제4장　위협은 가톨릭에서 '서양 근대'로 117

4.1	안정적인 동아시아	118
4.2	동란의 유럽	119
4.3	'쇄국조법관'	121
4.4	샴 풍설의 시대	122
4.5	샴 왕실 정크선 등장	124
4.6	네덜란드 동인도회사와 샴	126
4.7	막부는 유럽에 흥미 없음	128
4.8	샴 정세와 엮어서 전달하라	130
4.9	사라져 가는 가톨릭 세력에 대한 두려움 . .	133
4.10	플라시 전투	136
4.11	그들은 뭐든지 믿는다	138
4.12	어중간하게 전해진 실론 정세	139
4.13	네덜란드 풍설서의 황금시대	141
4.14	무역교섭의 협상패로서의 풍설서	143
4.15	일본에서의 철수를 검토하다	145
4.16	동인도회사의 소멸	148
4.17	조작된 프랑스 대혁명의 정보	149
4.18	레자노프 내항 예고 정보	151
4.19	페이튼호가 가져온 정보의 파문	154
4.20	거짓말을 관철시킨 상관장	156

4.21	새로운 위협으로서의 '서양 근대'	158

제5장　별단 풍설서 **161**

5.1	아편전쟁의 발발	162
5.2	'통상' 풍설서의 네덜란드어 문서 부본	165
5.3	총독의 결정	167
5.4	아편전쟁 정보로서의 초기 별단 풍설서	169
5.5	난항하는 번역	170
5.6	네덜란드어문과 일본어문의 비교 . . .	173
5.7	통사 번역의 특징	176
5.8	동아시아의 영어 신문	178
5.9	아편전쟁에서 세계의 정보로	181

제6장　풍설서의 종언 **183**

6.1	일본의 개항	184
6.2	페리 내항의 예고 정보	185
6.3	그 밖의 일본 관련 정보	187
6.4	바타비아에서 보내진 최후의 별단 풍설서	192
6.5	'통상' 풍설서의 종언	196
6.6	별단 풍설서의 송부 중지	200
6.7	1859년, 최후의 풍설서	202
6.8	네덜란드 풍설서의 제3유형	206

맺음말 **209**

풍설서를 통해 보이는 것	209

풍설서의 배경	212
통사의 정보 조작과 번역어의 한계	214
서양으로부터의 속삭임	218

보론 : 통역과 '네 개의 창구' 223
    언어의 정치성 223
    '네 개의 창구'의 통역 230
    '일본어'의 창출 242

후기와 참고문헌 247
    저자 후기 247
    역자 후기 249
    주요 참고문헌과 사료일람 252
    에도시대 막부 관직 구조 266

찾아보기 271

«도쿠가와 시대사»를 내며

우리 한국 시민만큼 일본에 '관심'이 많은 경우도 달리 찾기 힘들 것이다. 거의 모든 분야에서 일본에 경쟁심을 불태우고, 그 동향에 신경을 쓰며 자주 비교한다. 일본여행, 일본음식, 일본문화가 우리의 일상이 된지는 이미 오래다. 그러나 그 지대한 '관심'에 비해 일본을, 특히 일본사를 얼마나 알고 있는가 자문해보면 자신 있는 대답이 나오기는 아마도 어려울 것이다. '관심'은 과도한데 정확한 지식과 정보에 기초한 체계적인 이해는 너무도 부족한, 그래서 무지와 오해가 난무하는 상황이 지금껏 계속되고 있다. 오늘날 어려움을 겪고 있는 한일관계를 슬기롭게 풀어나가는 데에도, 이런 상황은 결코 도움이 되지 않을 것이다.

어느 사회나 국가를 제대로 이해하기 위해 그 역사를 알아야 하는 것은 긴 말을 필요로 하지 않는다. 이런 관점에서 우리의 현실을 볼 때 우려를 금할 수 없다. 그 중에서도 특히 일본사를 다룬 양서가 많이 부족한 것은 큰 문제라 할 수 있다. 그간 국내 일본사 연구가 크게 성장했음에도 불구하고 개별 논문만이 양산될 뿐 종합적·체계적으로 일본사를 분석, 소개하는 저작·번역서는 매우 적은 실정이다. 특히 주로 한일관계사에 연구·출판이 집중된 탓에 현대 일본사회의 원점이라 할 도쿠가와시대와 메이지시대는 상황이 더 심각하다.

2019년 여름, 한국과 일본 관계는 해방 후 최악으로 치달았다. 여름방학 내내 하릴없이 막말기幕末期 정치사를 다룬 영어책을 투닥투닥 번역하며 일본연구자로서의 무력감을 삭이고 있을 때, 재단법인 플라톤 아카데미에서 반가운 제안을 해왔다. 일본사 연구 프로젝트를 지원하고 싶다는 것이었다. 나는 번역팀을 꾸려 도쿠가와 시대를 다룬 명저들을 번역하고 싶다고 답했다. 출판사도 찾기 힘든 무모한 제안이었지만 다행히도 재단측은 받아들여 줬다. 본서는 그 성과의 하나다. 이 자리를 빌어 재단 측에 감사드린다. 아울러 출판을 흔쾌히 맡아준 빈서재 출판사에도 감사의 말씀을 전하고 싶다.

저작권 문제로 도쿠가와 시대 이외의 책이 시리즈에 들어오기도 했지만 이 《도쿠가와 시대사》는 기본적으로 한국독자들에게 낯설기 짝이 없는 도쿠가와 시대를 체계적이고 명료하게 소개하고 있는 명저들을 골라 번역했다. 이 시도가 한국독자들이 도쿠가와 시대를 이해하는 데에 자그마한 디딤돌이라도 되었으면 하는 바람이다.

2022년 10월 22일
번역팀을 대표하여 박훈 적음

한국어판 서문

제 책이 한국어로 번역되어 출판된다는 일을 대단한 영광이자 기쁨으로 생각합니다.

저는 한국의 역사를 자세히 알지 못합니다. 그렇지만 제 이해로는 17세기에서 19세기 중엽에 걸친―즉 한국에서 말하는 조선왕조 후기, 일본에서는 에도 시대―한국과 일본과의 커다란 차이 중 하나는 유럽과의 직접적인 관계가 있었는지 여부가 아닌가라고 생각합니다.

일본에서는 16세기 중엽에 포르투갈인이 규슈九州에 찾아온 이후 한 세기 정도 동안·스페인·영국인 등 다양한 유럽인이 일본에 머물렀고, 이 한 세기를 '그리스도교의 세기Christian Century'라고도 부릅니다. 그러나 전국시대가 끝나면서 일본에 통일 정권이 들어서자 그리스도교는 점차 금지되어 가고 유럽인끼리의 대립도 있어서 1640년대 이후에는 네덜란드인이 유럽 국가로서는 유일하게 일본으로 통항하는 일을 허락받게 됩니다. 이는 19세기 중반까지 계속됩니다.

16-17세기 일본은 금은을 많이 산출했기 때문에 유럽인에게 있어서 매력적인 무역 상대였습니다. 그 경제적인 매력은 18-19세기가 되자 감소했고 일본에게는 오히려 지식의 원천으로서 유럽과의 관계가 중시되게 됩니다. 의학이나 천문학 등에 관한 유럽의 서적은 네덜란드어에서 한어로 번역되어 '난학蘭學'·'양학洋學'이라고 호칭되면서 에도 시대 후기 학문의 중요한 일부분을 차지합니다. 메이지 시대 이후 오늘날까지 일본의 학문은 이 '난학'·'양학'의 흐름을 이어받고 있습니다. 그러므로 에도 시대의 일본-네덜란드 관계에 관한 연구는 네덜란드인이 중시했던 무역사와 일본인이 중시했던 난학사가 중심입니다.

하지만 네덜란드 풍설서는 이 두 가지와 직접적인 관계가 없습니다. 도쿠가와 정권(에도 막부)이 네덜란드인과의 관계 속에서 무역보다도 학문적인 지식보다도 중시했던 것은 해외로부터의 정보—특히 일본에 전쟁을 걸어오는 등의 나쁜 계획이 있지는 않은지에 관한 정보—였습니다. 저는 그것이야말로 도쿠가와 정권이 나가사키에 네덜란드인을 체재시킨 이유라고 말해도 좋다고 생각합니다. 그 정보가 형태를 갖춘 것이 네덜란드 풍설서입니다.

「네덜란드 풍설서」는 일본에서 전전戰前부터 매우 주목을 받아왔습니다. 전전에 이미 네덜란드 풍설서의 원문을 찾고자 하는 조사가 네덜란드에서 진행되었고, 이타자와 다케오板澤武

夫의 『네덜란드 풍설서의 연구 オランダ風説書の研究』(1937)가 발표되었습니다. 이타자와의 연구는 이와오 세이이치 岩生成一에게 이어져 1970년대의 『화란 풍설서 집성 和蘭風説書集成』 상·하권의 간행으로 일단락지어졌습니다. 제 연구는 여기서 한 발짝 더 나아간 것입니다.

다만 제가 네덜란드 풍설서를 재미있는 테마라고 생각한 이유는 그것이 "인간이 타인을 이해하는 역사"의 일부이기 때문입니다. 네덜란드 풍설서가 일본의 역사에 있어서 중요한가를 말하자면 실은 그렇지도 않습니다. 그보다는 오히려 네덜란드 풍설서를 둘러싼 여러 에피소드로부터 인간이 타인을 이해하려고 할 때에 생겨나는 흥정이나 오해 그리고 그것을 넘어서고자 하는 신뢰 관계 등이 읽히기 때문에 매우 흥미롭다고 느낍니다.

그러므로 이 책이 한국의 독자 여러분에게도 재미있으리라고 기대하고 있습니다. 수많은 책 중에서 이 책을 선택해주시고 번역의 노고를 도맡아주신 이새봄 선생님, 또한 이처럼 귀중한 번역 프로젝트를 기획하신 박훈 선생님과 프로젝트의 실현을 가능하게 해주신 플라톤 아카데미에게 경의와 감사를 표합니다.

2023년 11월
마쓰카타 후유코

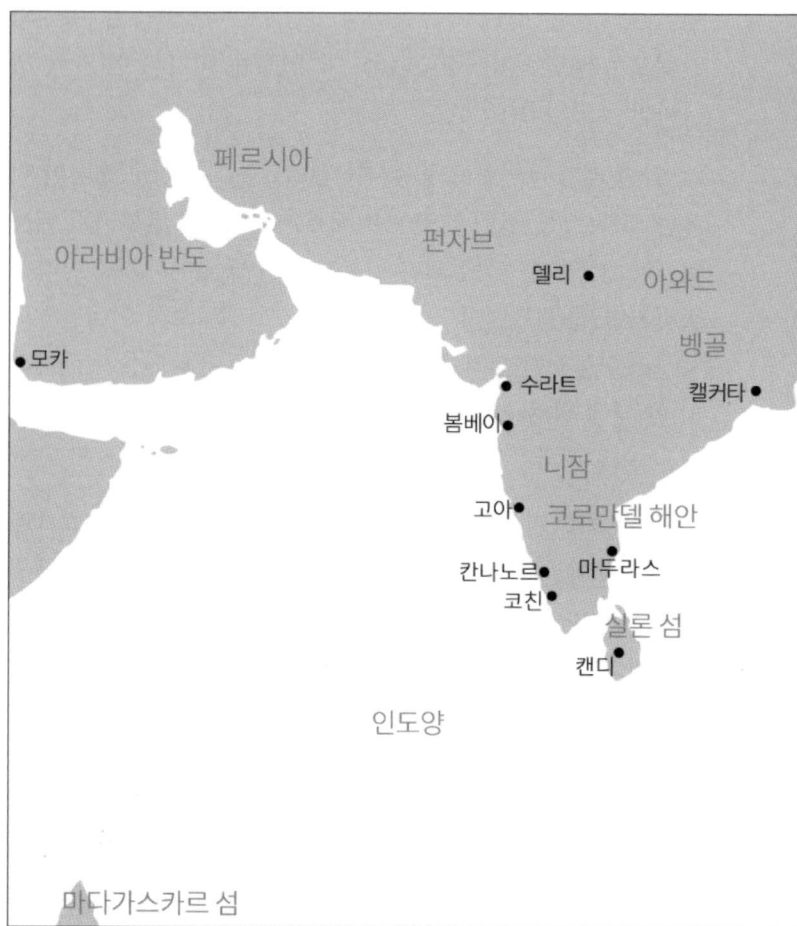

들어가는 말

19세기 초에 네덜란드의 일본 상관장을 지낸 헤르마인 펠릭스 메일란^{Germain Felix Meijlan}은 저서인 『유럽인의 일본 무역사 개관』에서 세계의 정보가 나가사키에서 일본인에게 알려지는 모습을 적고 있다.

> 네덜란드선의 선장이나 그 외의 승객이 상륙해서 두 세 시간 후 유럽 및 동인도의 정보를 듣기 위해서 데지마^{出島1)}의 오토나^{乙名,2)} 데지마의 조닌^{町人}·메쓰케^{目付3)}들을

---

1) 에도시대에 네덜란드인과의 통상을 위해 나가사키에 만들어 둔 작은 거류지이다. 1641년 히라도(平戸) 섬의 거류지를 폐쇄하고 이전하는 것으로 시작되어 1859년 네덜란드 상관장이 문을 닫으며 유명무실화했다. 이후 매립되어 원형을 찾을 수 없었으나 2050년까지 완전 복원을 목표로 작업중이다.
2) 나가사키 부교에 소속되어 나가사키의 관할 지역인 마치(町)의 사무를 담당한 실무자이다.
3) 에도시대에 감찰역을 맡은 관리를 총칭한다. 막부의 메쓰케는 10인이었고 다이묘와 하타모토까지도 감찰하는 막강한 권력을 가지고 있었다.

들어가는 말

> 동반한 통사[통역사]들이 상관장을 찾아 온다. 이때 전쟁이나 강화, 전투나 승리, 왕의 즉위나 죽음 등 일반적인 정보가 제공되고 통사들이 이를 적어 둔다. 이러한 정보는 일본 글자로 아름답게 쓰여지고 상관장이 서명한 뒤에 임시 히캬쿠飛脚[4]를 출발시켜 에도로 보낸다.
>
> 이렇듯 정보 제공은 일본인에게 가장 중요한 안건으로 간주되고 있다. 일본인의 말을 믿는다면 주로 이러한 이유로 인해 네덜란드인은 일본에서 받아들여도 되는 좋은 친구라고 여겨지고 있는 것이다.

여기서 말하는 "일본 글자로 아름답게 쓰여지고 상관장이 서명한" 문서가 네덜란드 풍설서이다. 풍설서는 네덜란드인이 목도한 몇 안 되는 정식 일본문서였다. 에도에서는 로주老中 혹은 경우에 따라 쇼군將軍까지 볼 지도 모른다. 그렇기 때문에 특히 긴장해서 정성껏 마련했다. 그 서면이 일본사회에서 특별한 의미를 갖는다는 사실을 메이란은 감지했을 것이다. '아름답게'라는 말에서 그 신선한 감동을 읽어낼 수 있다.

'풍설風說'이란 소문이라는 의미이다. 막부는 네덜란드 사람이 설령 소문에 지나지 않는 일이라도 전해주기를 바랐다. 한편 네덜란드인도 소문에 불과합니다라며 변명하는 일이 있었

번마다 메쓰케를 둔 경우도 많으며 막부 직할령인 나가사키의 부교를 감시하기 위해 나가사키 메쓰케를 별도로 파견했다.

4) 에도시대에 활동했던 편지·화물을 전달하던 조직이다. 조선의 전인(專人)이 개인이나 소규모로 활동한 것에 비해 히캬쿠는 조직화되었고 조직간에 더 빠른 전달을 위한 경쟁까지 있었다. 막부와 번 단위에서 설치한 것과 민간의 히캬쿠 조직으로 나뉜다.

다. 풍설서를 막부에 제공했던 것은 네덜란드인만이 아니었다. 중국이나 동남아시아에서 내항하는 당선唐船도 정보를 가져왔다. 다만 당선은 대부분의 경우 그 배가 출항 혹은 기항했던 장소에 관한 국지적인 정보를 가져올 뿐이었다. 그런 정보는 당선 풍설서 또는 당 풍설서라고 부르지만 이 책에서 단순히 풍설서라고 말할 경우는 네덜란드 풍설서를 가리킨다.

다른 언어가 만나는 지점에서 풍설서는 태어났다. 17세기에 네덜란드어와 일본어는 포르투갈어에 의해 중개되었다. 18세기에 들어서면 두 언어는 직접 부딪히게 된다. 언어와 언어의 충돌은 문화와 문화의, 세계관과 세계관의 충돌이기도 했다.

언어, 문화 그리고 세계관의 면에서 네덜란드의 '문법'으로 언급되거나 적혀있는 정보를 어떻게 일본의 '문법'으로 고쳐서 전달할 것인가. 내용을 얘기한 네덜란드 상관장이나 일본어로 통역한 나가사키의 통사는 늘 그 지점을 모색하지 않으면 안 되었다. 네덜란드인이 그것을 판단하기 위해서는 일본사회에 관한 지식이 불가결했지만 데지마에서 얻을 수 있는 지식으로는 불충분했다. 한편 통사들도 제한된 접촉만으로 네덜란드인 측의 사정에 대해 배우기에는 한계가 있었다. 또한 나가사키 조닌 출신이라는 신분상의 제약 때문에 에도에 있는 막부 중추가 무엇을 생각하는지 알 수 없었다. 그러므로 서로 전하지 않는 편이 낫다고 판단하거나 의도적으로 내용을 바꾸는 일도 많았다. 전하려고 해도 결국 전해지지 않는 일마저 있었다. 정보의 전달은 조작이나 차단의 위험을 늘 안고 있었던 것이다.

제 1 장

'통상' 풍설서

그림 1 「오란다인도(阿蘭陀人圖)」(18세기 중반, 고베시립박물관)

제 1 장 '통상' 풍설서

그림 2 가와하라 게이가(川原慶賀)「나가사키 항구도(長崎港圖)」
(1833-1836년경, 암스테르담 국립미술관)

1.1 나가사키와 '네개의 창구'

에도시대에 네덜란드선이 내항할 수 있는 항구는 나가사키 뿐이었다. 그러나 네덜란드인을 나가사키에 가둬두었기 때문에 막부는 무역이나 그에 필요한 통역·물자의 조달·배의 수리 등, 교류의 노하우를 나가사키가 독점하게 만들어버린 면이 있다. "로주라도 관여할 수 없는 것은 오오쿠^{大奧}[1]·나가사키·금은좌^{金銀座}"[2]라고 얘기될 정도였다.

---

1) 에도성 내의 쇼군가 정실, 측실, 자녀가 머물던 구역이다.
2) 킨자(金座)는 금화를, 긴자(銀座)는 은화를 주조하는 곳이었다.

1.1 나가사키와 '네개의 창구'

에도에서 파견된 나가사키 부교^{奉行3)}는 짧은 재임 기간동안 복잡한 나가사키 무역의 실태를 잘 파악하지 못했다. 오히려 재임 중에 그들은 나가사키 무역이 낳는 이권을 지키고, 그 안에서 이익을 취하려는 경향이 있었다. 물론 나가사키에 정주하는 조닌 신분의 나가사키 마치도시요리^{町年寄4)}나 네덜란드 통사들 같은 지역 역인役人은 말할 것도 없다. 그들은 대대로 세습하여 그 임무를 맡고 있었고 때로 막부를 속여가면서라도 네덜란드인과의 무역으로 이익을 얻으려고 했다. 한편 막부의 나가사키 지배 실무를 담당하고 네덜란드인이 막부가 생각하는 틀에서 일탈하지 못하게 감시하는 역할도 그들에게 있었다.

나가사키의 네덜란드 통사는 원래 포르투갈 통사였던 가계가 많다. 17세기의 네덜란드인과 일본인의 회화는 주로 포르투갈어로 이루어졌다. 포교를 목적으로 일본에 온 포르투갈인이 일본인에게 열심히 그들의 말을 가르친 것과 달리 상인으로 온 네덜란드인은 이익을 낳지 않는 어학교육에 시간을 소비하는 따위의 일을 하지 않았다. 통사는 통역이나 번역만이 아니라 데지마에 출입하는 사용인을 준비하는 일이나 상관장의 에도 상경 시중 등 네덜란드인의 일본 생활 전반에 관여했다. 동시에 스스로 사무직에 종사하는 상인으로서의 측면도 갖고 있었다.

---

3) 본래는 상사로부터 명령을 받아 그 일을 하는 행위를 받들어 수행한다(奉行する)라고 하는 동사였는데 나중에 그 담당자를 가리키는 말이 되었다. 에도 시대에는 막부와 번에서 행정 실무책임자를 통칭하는 명칭으로 많이 사용되었다. 나가사키 부교는 나가사키 행정, 사법의 총책임자였다.

4) 나가사키 부교에게 소속되어 행정 실무자를 관리한 책임자.

제1장 '통상' 풍설서

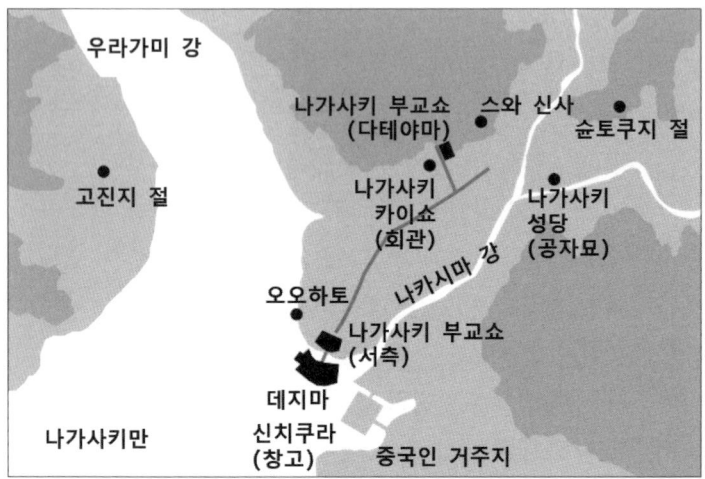

그러한 무역 도시 나가사키에 사는 사람들이 가진 독자적인 심성은 일본 측뿐만 아니라 나가사키에 근무하는 네덜란드 상관원들에게도 공통된 것이었다. 그들은 일본에서 능숙하게 교섭을 진행시키기 위해 자체적으로 판단해서 행동하지 않으면 안 되는 일이 많았다. 바타비아Batavia(현 인도네시아의 자카르타)에 있는 동인도 총독의 지시를 구하려면 일년 가까이 걸렸기 때문이다. 또한 일본인은 만난 적도 없는 총독이 최적의 판단을 내릴 수 있다고도 할 수 없었다. 총독도 이를 알고 있었고 최종적인 판단은 상관장에게 일임했다. 그리고 상관장을 비롯한 상관원은 개인적으로 상품을 나가사키에 가져가서 판매하는 일이 허용되었다. 그들의 개인 무역은 이윽고 조직으로서의 상관 무역을 위협해 가기 시작한다.

1.1 나가사키와 '네개의 창구'

　네덜란드 동인도회사는 세계 최초의 주식회사로 일컬어진다. 상사회사이면서 '동인도'(아프리카 최남단 희망봉의 동쪽부터 마젤란 해협 서쪽 구간)의 무역 독점권·교전권·조약체결권을 네덜란드 공화국 연방의회로부터 인정받았다. 네덜란드의 아시아 본거지는 바타비아이다. 그곳에 설치된 동인도 총독부가 아라비아반도 남서 해안의 모카^{Mocha}에서 일본에 이르는 아시아의 상관을 다스렸다. 회사는 1799년 해산하지만 일본 상관은 살아남아 이후 네덜란드령 동인도 정청의 관할 하에 놓였다.

　에도시대의 일본은 완전히 나라를 걸어 잠그고 있던 것이 아니다. 나가사키는 쇄국 일본의 유일한 창이 아니며 네덜란드 풍설서도 또한 막부의 유일한 해외정보원이 아니었다. (그런 의미로 '쇄국'에는 따옴표를 붙였다.) 1960년대 이전 "에도시대 일본은 나라를 걸어 잠궜다"라는 설이 지배적이었던 때에 바깥 세계로 상정되었던 것은 유럽과 아메리카 뿐이었다. 그 후 동아시아에 역점을 둔 대외관계 연구가 크게 진전되었다. 그 결과 에도시대의 일본은 '쓰시마^{對馬} 창구'로 조선과, '사쓰마^{薩摩} 창구'로 '류큐^{琉球}'와, '마쓰마에^{松前} 창구'로 아이누와, '나가사키 창구'로 네덜란드인이나 당인^{唐人}(중국인이 주체지만 동남아시아 사람들도 포함)과 연결되어 있었다, 라고 생각하는 것이 현재 정설이 되었다. 이들 '창구'를 합해서 '네 개의 창구'라고 부른다. 시기에 따라서 변모하기는 하지만 이 '네 개의 창구'는 잘 생각해보면 일본이 국교를 맺지 않은 중국에

간접적으로 이어지기 위한 경로였다. 중국에서 생산되는 생사·견직물 등을 안정적으로 입수하고, 한문책이나 그림 등을 통해 배우고 싶다는 욕구는 일본 국내에서 대단히 강했던 것이다. 이와 관련하여 로날드 토비는 17세기 말에 중국에서 일어난 삼번三藩의 난에 관한 정보가 여러 경로로 막부에 전해졌는데 그 중에서 네덜란드 경유 정보의 질이 가장 낮았다는 점을 지적하고 있다. 하지만 그것은 중국에서 일어난 사건에 관한 것이었기 때문이다. 조선이나 류큐나 당인唐人은 중국에 관한 일은 이야기할 수 있어도 유럽에 관해서는 무지했다. 반대로 18세기 중반까지 네덜란드인은 중국 국내의 유력한 거점을 가지지 못했기 때문에 중국에 관해서는 잘 몰랐던 것이다.

에도시대 동안 경제적으로도 문화적으로도 일본에게 가장 중요한 외국이 중국이었던 것은 확실하다. 그렇기 때문에 '네 개의 창구'를 동원해서 얻을 수 있는 중국 정보는 매우 절실했다. 그러나 막부의 중요도에서 중국의 비중은 에도시대 후기부터 막부말기에 걸쳐 저하되어 간다. 대신 러시아를 포함한 유럽이나 미합중국의 비중이 올라간다. 나가사키 이외의 세 개의 '창구'는 그 변화에 충분히 대응하지 못했다. 그렇기 때문에 나가사키가 일본의 유일한 창이었다는 언설이 어느 시기에 생겨났던 것이다.

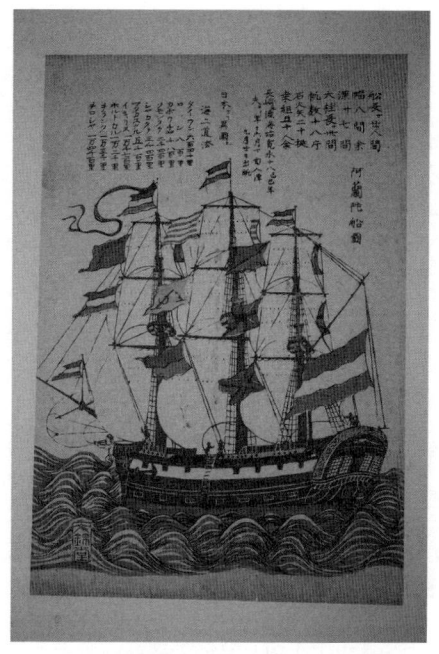

그림 3 　나가사키판화(長崎版畵)「오란다선도(阿蘭陀船圖)」(19세기 전반, 담배와 소금 박물관(たばこと鹽の博物館))

1.2　'쇄국' 정책의 '가상의 적'

또 다른 관점에서 살펴보자. 1630년대에 일본인의 해외도항금지와 포르투갈인 추방 등이 연달아 발령되었다는 사실로 인해 '쇄국'이 완성되었다고 말하는 경우가 있다. 여기서 '쇄국'이라고 호칭되는 정책은 나가사키 창구의 정비라고 바꿔 말할 수 있을 것이다.

다른 세 개의 창구가 도쿠가와 이에야스德川家康 시대에 나름

제1장 '통상' 풍설서

그림 4 이시자키 유시(石崎融思) 《당관도화권(唐館圖繪卷)》「당선(唐船)」(1801년, 나가사키 역사문화박물관)

대로 정리되었던 것에 비해 나가사키 창구는 도쿠가와 히데타다부터 이에미쓰 시대[5]에 형태가 확실해졌다. 또한 다른 창구는 다이묘大名 가문이 맡았던 것과 달리 나가사키 창구는 쇼군 직할 도시가 담당했다. 기독교 금지를 위해 유럽인의 입국을 제한하여 감독하고 동시에 그때까지 규슈 전역에서 이루어지던 당선과의 무역을 일괄적으로 관리한다는 막부 정책의 커다란 흐름 속에서 나가사키 창구가 태어났기 때문이다. 네 번째 창구

---

5) 도쿠가와 히데타다(德川秀忠)는 2대 쇼군, 이에미쓰(家光)는 3대 쇼군.

의 정비는 동부 지역을 본거지로 삼는 도쿠가와 정권이 규슈를 장악한다고 하는 대사업이었기 때문에 다이묘 가문에 맡길 수 없었고 시간이 걸린 것이다.

막부는 중국에서 화재가 일어나면 일본에 불똥이 튈지도 모른다고 생각하면서도 명·청 교체기 일부를 제외하고는 중국이 공격해 온다거나 중국의 사교邪教가 일본에도 퍼질 수 있다는 두려움을 품고 있지는 않았을 것이다. 막부가 위험시했던 것은 유럽의 사상(기독교)이나 군사력이다. 야마모토 히로후미山本博文도 '쇄국' 정책은 어디까지나 유럽 여러 나라들과의 관계를 의식해서 취한 정책이라고 했다. '네 개의 창구'가 중국과 '연결되기' 위한 장치였던 데 비해 '쇄국' 정책은 유럽 세력으로부터 '지키기' 위한 것이었으며 '가상의 적'을 설정했다.

특히 17세기에 두려워했던 것은 포르투갈이나 스페인과 같은 가톨릭 세력에 의한 포교·무역·영토의 획득이 일체가 된 대외진출의 움직임이다. 그러나 18세기 후반부터 19세기 전반에 걸쳐서 두려움의 대상은 유럽 국가들이 일으키고 있는, 잘 모르겠는 무언가로 변화해 간다. 통상을 요구하는 듯하지만 영토 욕심이 있는지도 모른다, 그렇지만 진짜 그것뿐인가, 라는 식으로 말이다. 그것을 식민지화의 위기라고 부르기는 쉽다. 그러나 이 책에서는 굳이 조금 안정감이 없는 '서양 근대'라는 말로 그 '잘 모르겠는 무언가'를 부르겠다.

17세기적인 유럽과 19세기 유럽의 존재 양식이 다름을 막부는 인식하고 있었다. 그것이 인도나 동남아시아의 사회를

제1장 '통상' 풍설서

크게 변화시키고 있고 중국에도 영향이 있다면 위기는 이윽고 일본에도 찾아올 것이다. 막부는 매우 분주하게 움직여 가톨릭 세력이 아닌 '서양 근대'로부터 자신들의 체제를 지키려고 한다. '쇄국' 정책의 '가상의 적'이 바뀐 것이다.

가톨릭의 침입을 막기 위한 장치였던 네덜란드 풍설서는 '서양 근대'에 대해서도 그대로 돌려쓰기가 가능했다. 조선이나 류큐, 당선 등 복수의 경로로 오는 정보를 막부가 상호 비교 검토하면서 대외정책을 결정하고 있었음은 틀림없다. 여기에 잠입한 선교사나 귀환한 일본인 표류민, 영국이나 러시아의 사절 등으로부터 들어오는 단발적인 정보가 가미되었다. 그러나 '쇄국' 정책의 주된 표적에 관한 상세한 정보를 정기적으로 계속 제공한 것은 네덜란드 풍설서뿐이었다.

1.3 종류·빈도·내용

네덜란드 풍설서는 크게 두 종류로 나눌 수 있다. '통상' 풍설서와 별단別段풍설서이다. 전자는 1641년에서 1857년까지, 후자는 1840년에서 1857년까지 작성되었다. 그리고 1859년에 작성된 마지막 풍설서는 양자의 절충형으로, 제3유형이라고도 부를 수 있는 것이었다.

1840년에 별단 풍설서가 성립하자 그것과 구별한다는 의미에서 네덜란드인은 그때까지의 풍설서를 '통상' 풍설서라고 부르게 되었다.

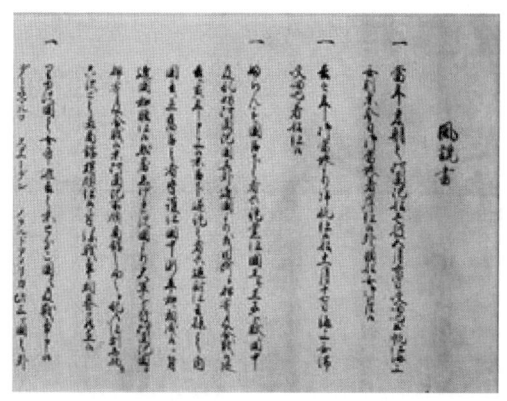

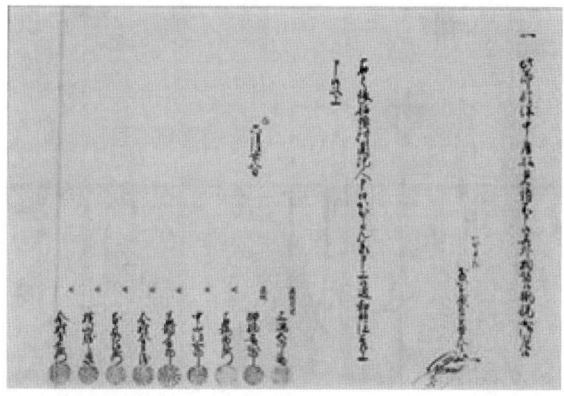

그림 5 네덜란드 풍설서의 현존하는 유일한 정본의 시작과 끝부분 (1797년, 에도도쿄박물관)

'통상' 풍설서의 현존하는 유일한 정본은 1797년의 풍설서이며 에도도쿄江戸東京박물관에 소장되어 중요문화재로 지정되어 있다. 도판을 보도록 하자. 한 항목씩 나누어서 정보를 쓴 다음 상관장이 내용에 대한 책임을 진다는 의미로 히라가나로

제1장 '통상' 풍설서

적힌 자신의 이름 아래에 알파벳으로 서명을 했다. 그 다음에 네덜란드선 선장이 '구술^口'을 올바르게 일본어로 번역했다는 내용과 이를 보증하는 통사들의 연명 날인이 있다. 누구에게 쓴 것인지는 적혀 있지 않다. 다시 말해 이것은 넓은 의미에서의 편지가 아니다. 진술 조서에 가까운 일방통행적인 문서인 것이다.

'통상' 풍설서는 당초 1년에 한 통이나 두 통, 최대로 여섯 통이 네덜란드선의 나가사키 도착 직후에 작성되었다. 가장 중요하고 확실한 정보를 실은 차기 상관장의 배가 도착하면 반드시 풍설서가 작성되었다. 참고로 네덜란드상관이 나가사키로 이전한 이후 상관장은 매년 교대하도록 하라는 막부의 명령이 있었다. 한 사람이 오래 체류함으로써 일본인과 친해져 만에 하나라도 기독교의 포교에 도움을 주는 일이 없도록 하기 위한 의도에서였다. 하지만 상관장이 탄 배의 도착이 늦어진다거나 다른 여러 이유로, 상관장이 타지 않은 배로부터의 정보가 청취되어 풍설서가 작성되는 일도 있었다.

1715년 이후 네덜란드선의 내항 횟수가 엄격하게 제한되자 자연히 풍설서의 숫자도 줄었다. 18세기 말에는 상관장이 5년 임기로 근무하는 일을 막부가 허가했기 때문에 차기 상관장이 오지 않는 해는 선장이나 신임 상관원이 정보를 가져왔다. 별단 풍설서는 1년에 한 통 작성되어 일본에 보내졌다.

풍설서는 원칙적으로 한 항목씩 쓰는 개조식으로 적는다. '통상' 풍설서는 두 개조짜리 짧은 것에서부터 십 개조를 넘는

긴 것까지 있다. 별단 풍설서는 수십 개조에 이르렀다.

풍설서는 네델란드에 관한 정보가 아니라 네델란드인이 가져온 정보이다. 내용의 주된 부분에는 유럽·서아시아·현재의 인도·동남 아시아 뿐만 아니라 아프리카 대륙이나 남북 아메리카 대륙에 관한 이야기도 포함되어 있었다. '들어가는 말'에서 인용한 메이란의 기술에 있는 전쟁이나 왕위 계승만이 아니라 도적의 활동이나 자연재해 등 온갖 종류의 시사적 화제가 담겨 있었다. 그 중에서도 중요시된 것은 유럽 국가로부터 사자使者가 올 것이라거나 선교사가 일본에 잠입하려고 한다는 등의 소문, 다시 말해 직접 일본에 관계된 정보였다.

'통상' 풍설서의 형식은 17세기 말에 안정되었다. 그 즈음부터 그 해에 내항하는 네델란드선의 숫자나 전 해에 일본에서 출발한 네델란드선이 바타비아에 무사히 도착했는지 등의 내용이 실리게 되었다.

1.4 두터운 연구사

네델란드 풍설서에 관해서는 두터운 연구사가 있어서 크게 세 단계로 나눌 수 있다. 제1기는 전전戰前부터 1950년대에 걸친 시기, 제2기는 1960년대에서 70년대에 걸친 시기, 제3기는 1980년대 후반에 시작해 현재에 이르렀다.

제1기의 최대 성과는 이타자와 다케오板澤武雄의 『네델란드 풍설서의 연구阿蘭陀風説書の研究』(1937)이다. 그는 필사본 「네덜란드 상고문阿蘭上告文」(가쿠슈인學習院대학 도서관 소장)에 들어있는 일본어 풍설서와, 1644년 이후 네덜란드 상관장의 일기에 있는 정보(이를 '난문蘭文'이라고 부른다)를 소개했다. 나아가 풍설서의 목적·내용·작성 절차 등에 대한 해설을 덧붙였다. 이 해설은 풍설서라는 문서 및 제도에 대해 일본과 네덜란드 쌍방의 사료를 병용해서 포괄적으로 논한 것이며 오늘날에도 여전히 많은 연구의 기초가 되어주고 있다. 여기에 더해 앞에서 말한 풍설서 정본이나 그 밖의 필사본이 계속 소개되었다.

제2기의 연구는 제1기의 성과를 토대로 그것을 발전시킨 것이다. 이타자와 이와오 세이치岩生成一의 지도하에 당시 젊은 연구자들을 중심으로 성실하고도 활발한 연구가 이루어졌고 그 성과는『네덜란드 풍설서 집성和蘭風說書集成』상·하 두 권의 결실을 맺게 되었다. 쇄국 일본의 유일한 창구로부터 들어온 해외정보라는 관점에서 연구가 진행되어 제1기에 제시된 기초적인 이해가 통설로 정착해갔다.

제3기에는 연구의 주된 관심이 풍설서의 내용이 일본 국내에서 어떻게 전달됐는가의 문제로 옮겨 갔다. 예를 들어 매튜 페리가 이끈 미국 함대의 내항을 예고한 별단 풍설서의 내용이 원래 수신처로 상정하고 있었던 막부만이 아니라 통사에서 규슈九州의 여러 번藩들로, 나아가 전국의 난학자나 지방의 지식인에게 개별적으로 전해졌다는 사실이 밝혀졌다. 최근 20년 정도의 여러 연구에 의해 네덜란드 풍설서가 가져온 해외정보가 일본 국내의 정치상황에 대해 가졌던 의미에 관한 이해는 현격하게 깊어졌다. 그렇지만 풍설서가 어떻게 작성되었는지에 관해서는 최근의 연구도 이타자와의 견해와 별로 달라진 바가 없다.

그래서 이 책에서는 네덜란드어 사료를 사용해 네덜란드측의 시점에서 지금까지와는 다르게 보도록 해보자. 이른바 현장밀착형이다. 네덜란드인에게 있어서 풍설서가 작성되어가는 과정은 늘 신선했고 때로는 짜증을 유발하기도 했다. 그렇기 때문에 정보를 건네주는 현장에 관해서는 일본인보다도 네덜란드인 측이 좋은 관찰자·기록자였던 것이다. 애초에 양자 간에 전달된 정보의 연구를 하면서 받는 쪽 사료만을 사용하는 것으로는 충분하지 못한 일이다.

1.5 '원문'이 존재했다는 통설

풍설서에는 원래 네덜란드어 문서가 존재했다는 것이 지금까지의 통설이었다. 그렇지만 네덜란드 측에서는 '풍설서'에 해당하는 특정 단어가 존재하지 않았다. 대신에 '알림^{nieuws}' 등 몇 가지 일반적인 용어가 사용되었다. 그렇다면 네덜란드 측에 특별한 문서가 존재하지 않았던 것은 아닐까?

이 문제에 관해 이타자와는 다음과 같이 적고 있다. "('통상' 풍설서는) 네덜란드어로 적어서 문서 형태로 제출했다고 여겨지는 경우와 상관장이 구술한 것을 통사가 일본어 문장으로

제1장 '통상' 풍설서

필기했다고 여겨지는 경우 두 가지가 있다. 그러나 … 구술한 것을 귀로 전달하는 방법으로는 불안하다. 아무래도 원칙적으로는 상관장이 네덜란드어로 적은 각서를 올리거나 아니면 그것을 보여준 다음에 네덜란드어나 또는 일본어로 통사에게 설명한 것이라고 생각한다"(『네덜란드 풍설서의 연구』) 네덜란드인이 네덜란드어 문서를 제출해서 그것을 통사가 번역하는 것이 원칙이었다는 것이다.

가타기리 가즈오片桐一男는 몇 가지 일본어 기록을 비교하여 네덜란드선의 입항 수속에 관한 연구를 발표했다. 가타기리는 네덜란드선에 올라탄 통사가 '승선 인원수', '적하積荷 목록', '이국異國 풍설서' 등이 적힌 네덜란드어 문서를 수취하여 부교쇼奉行所에 지참해 개봉한 뒤 데지마에 가져가서 번역을 했다고 한다.

나아가 『네덜란드 풍설서 집성』이 "수록하고 있는 네덜란드 풍설서는 네덜란드어 문서, 번역문, 일문 세 종류를 포함하고 있고", "네덜란드어 문서란 네덜란드 상관장이 제출한 네덜란드어 원문을 말한다"라고 했던 일 때문에 '통상' 풍설서에 네덜란드어 문서가 존재했다는 통설이 정착했다.

하지만 '들어가는 말'에서 인용한 메이란은 네덜란드어 문서를 한 마디도 언급하지 않는다. 그래서 '통상' 풍설서의 원문이 된 문서가 네덜란드 측에 존재하지 않았다는 가설을 세우고 사료를 다시 보도록 하자.

1.6 통사가 남긴 기록

대통사大通詞 견습 바바 다메하치로馬場爲八郎가 1814년에 연번年番 통사로서의 업무를 기록한「만기장萬記帳」을 보자.(일본력 6월 23일 조목) 나가사키에 있던 다수의 네덜란드 통사 중에서 상위에 있던 대통사와 소통사小通詞 중 한 명씩 교대로 연번이 되어, 그 해의 네덜란드인과의 관계를 관장했다.

> 하나, 카피탄かひ丹 방에서 오토나·메쓰케·대소통사가 입회하여, 두 카피탄 및 선장 네덜란드인의 풍설 들은 것을 적어, 돌아와서 일본어로 번역하다 …
> 하나, 풍설 초고가 완성되었기 때문에 항상 해오던 대로 중청서中淸書하여 나무라 하치에몬名村八右衞門이 관청役所에 가지고 가서 고요닌御用人께 보여드리고, 일람하시고 나서 별 문제가 없었기 때문에 곧바로 청서했다.(『연번 네덜란드 통사 사료年番阿蘭陀通詞史料』)

첫 조목은 상관장(일본인은 이들을 포르투갈어인 '카피탄'이라고 계속 불렀다)의 방에서 신구新舊 상관장·차석(헤트르)·통사 메쓰케(1695년부터 설치된 통사의 최고봉. 모든 통사의 감독을 한다)·대통사·소통사가 모여있는 장면이다. 상관장과 도착한 네덜란드선의 선장이 얘기하는 내용을 통사가 기록하여 그 후 일본어로 번역했다고 읽을 수 있다. 풍설서의 '원문'을 가져온 흔적은 없다.

일본에 내항하는 네덜란드선은 초여름에 바타비아를 출발하여 여름에 나가사키에 도착했다. 그리고 음력으로 9월 20일

제1장 '통상' 풍설서

까지(양력으로 10월말 경까지) 나가사키를 출항하지 않으면 안 된다는 막부의 명령이 있었다. 참고로 내항 횟수는 에도시대를 통틀어 1660년대가 가장 많은 십수 척, 1640-50년대나 17세기 말에는 매년마다 대략 다섯 척이 내항했다. 1715년 이후에는 막부의 명령으로 매년 두 척이었다가 18세기 말 이후에는 한 척으로 제한을 받았다.

그러므로 여름부터 가을에 걸친 기간에는 그때까지 머물고 있던 상관장과 여름에 파견되어 온 신임 상관장 양자가 나가사키에서 근무하고 때로는 둘이 '신·구 상관장'으로서 행동했다. 앞에서 인용한 '두 카피탄'이라고 있었던 것은 이 때문이다.

그리고 두 번째 조목. 초고가 만들어지면 '중청서中淸書'(도중 단계의 정서)를 작성하여 통사가 부교쇼에 지참하고 나가사키 부교의 의견을 듣는다. 사료에 따라 중청서를 부교에게 보내는 일을 '고나이료아이우카가이御內慮相伺'라고 표현한다. 이 절차가 공식적인 것은 아니며 내부적인 일이었음을 보여준다고 할 수 있다. 원래 풍설서는 네덜란드인이 얘기한 내용을 그대로 에도의 막부에 전한다는 것이 원칙建前이었다. 상관장 서명과 통사들의 인장이 그것을 보증한다. 부교에게 발언권은 없었을 것이다. 그럼에도 불구하고 실제로는 부교의 '선호御好' 즉 수정을 요구하는 지시가 있는지 여부를 확인한 후에 에도에 보내는 청서가 작성되었다.

이 사료는 네덜란드어의 '원문'을 건네받은 것이 아니었다는 사실을 보여주는 것이라고 볼 수 있다. 그러나 일본측에는 이외에도 몇 가지 유사한 사료가 남아있으며 그 중에는 '원문'의 존재를 넌지시 알리는 것도 있다. 그렇기 때문에 이런 종류의 사료만으로는 결정적인 증거라고 말하기에 충분하지 않다고 할 수 있다.

1.7 풍설서의 초안

대대로 통사의 일을 해온 모토키本木가에는 '모토키 난문本木蘭文'이라고 통칭되는 일군의 문서가 전해져 왔다.(나가사키 역사박물관 소장) 그 책자 중 하나에 "올 묘년에 풍설서로 올린 서양글當卯年風說申上候橫文字"이라는 부전附箋이 있는 네덜란드어 문서가 들어있다.

이 문서는 1795년에 네덜란드선이 가져온 정보라고 인정되어 있다. 붓과 묵으로 쓰였으며 어문법상 미비한 지점이 곳곳에 보이기 때문에 통사가 쓴 네덜란드 문장일 것이다.

> 디트마르 스미트Ditmar Smith 선장이 지휘하는 동인도회사의 배 베스트카펠러Westkapelle 호가 바타비아에서 가져온 소식
> ① 작년 일본을 출발한 엘프프린스Elfprins 호는 1795년 1월 1일(간세이寬政 6년 윤11월 11일) 바타비아에 도착했다.
> ② 해당 선박 베스트카펠러호는 1795년 6월 13일(간세이 7년 4월 26일)에 바타비아를 출발했다.
> ③ 총독 빌럼 알팅Willem Alting 은 동인도 총독부의 다른 고관들과 마찬가지로 건강하다.
> ④ 러시아인은 터키나 그 밖의 나라들과 평화를 지키고 있다.

제1장 '통상' 풍설서

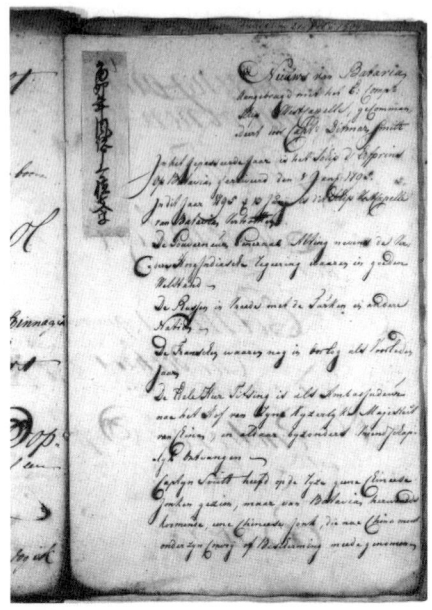

그림 6 을 묘년에 풍설서로 올린 서양글 (1795년, 나가사키 역사문화박물관)

⑤ 프랑스인은 작년과 마찬가지로 전쟁상태에 있다.
⑥ 티칭 Isaac Titsingh 각하는 황제폐하[건륭제]에게 보내는 대사로서 중국으로 향했고 그곳에서 특별히 후대를 받았다.
⑦ 선장 스미트는 일본으로 오는 항해 도중에 중국의 정크선을 전혀 목격하지 않았다. 그러나 바타비아에서 여기[일본]까지 오다가 중국으로 향하는 정크선 한 척을 호송했다.

말미에 있어야 할 날짜 등이 빠져있기 때문에 이 사료가 정식으로 제출된 문서의 사본이 아님은 분명하다. 초고라기보다는 번역 준비를 위한 문서였을 것이다. 원래 7개조였던 것으로

그림 7 헨드릭 뒤벌스(Hendrick Dubbels)「바타비아의 풍경(View of Batavia)」(1650년경, 암스테르담 국립미술관)

보인다. ⑦에서 일본으로 항해하던 중에 정크선을 목격했는지 여부는 '통상' 풍설서의 말미에 쓰는 것이 통례이기 때문이다. 당연하지만 항해 도중에 정크선을 만나는지 여부는 일본에 도착할 때까지 모른다. 이 사실도 '통상' 풍설서가 나가사키에서 작성되었다고 생각하는 근거 중 하나다. 참고로 정크선이란 일본인이 당선唐船이라고 부르던 배를 가리킨다. 17세기에는 샴 왕실이 만든 정크선도 있었지만 주로 화교 자본의 무역선이다. 출항지는 18세기 전반까지는 중국에서 동남아시아에 걸친 넓은 해역을 아울렀지만 18세기 중반부터는 중국(특히 장강 하류의 사포乍浦)에 한정되다시피 한다.

그렇다면 같은 해에 작성된 일본어 풍설서와 대조해보자. 상당히 내용이 다르다는 것을 알 수 있다.

제1장 '통상' 풍설서

풍설서

ⓐ 하나, 올해 일본에 온 네덜란드선 한 척은 4월 20일에 가라파^咬^吧를 출발하여 별 탈 없이 바다를 건너 오늘 이곳에 도착했습니다.

ⓑ 하나, 작년 일본에서 돌아간 배가 윤 11월 11일에 지체 없이 자카르타에 도착했습니다.

ⓒ 하나, 작년에 말씀 드린 프랑스의 전쟁은 아직 평화 상태에 이르지 못했으므로 인도 주변의 여러 상관에 파견되어 있는 역인役人들은 여전히 그대로 대기하고 있다고 한다.

ⓓ 하나, 이번에 바다에서 당선을 보지 못했다고 하며, 그 외에는 특기할 만한 풍설은 없습니다.

카피탄 게이스베르토 헨미

위 내용은 선장인 네덜란드인이 말한 것을 카피탄이 듣고 전하는 대로 일본어 번역을 하여 올려드립니다. 이상,

통사 메쓰케
묘년 6월 6일 통사

막부에 제출된 일본어 풍설서에는 4개 조항 밖에 없다. ③, ④, ⑥은 채용되지 않았던 것이다.

남은 부분들을 보도록 하자. 초안 ②가 일본어문 ⓐ로, ① 이 ⓑ에 해당한다. 다만 바타비아 출항의 날짜는 4월 26일이 아닌 20일로 되어있는데 날짜 환산에 착오가 있는 듯하다. 덧붙이자면 현재의 자카르타는 원래 '카라파^{Kalapa}'라고 불렸다. 나중에 자야카르타라는 이름으로 바뀌고 다시 네덜란드인이 점령하면서 바타비아라고 개명되었다. 일본인은 이 지역을

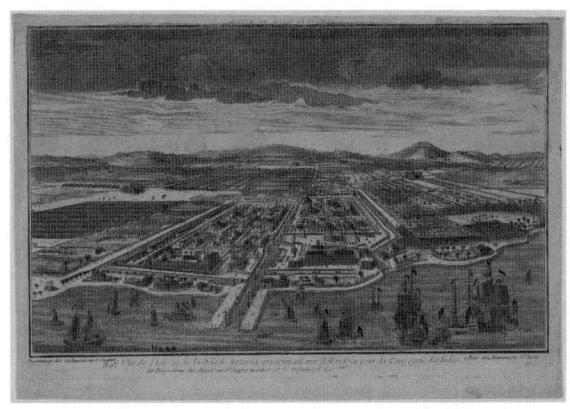

그림 8 얀 판리너(Jan van Ryne)「바타비아의 풍경(View of the Island and the City of Batavia)」(1754년, 라이덴 대학 KITLV)

에도시대 내내 가라파咬嚼吧 또는 자카토라·자가타라(자야카르타의 와전)라고 불렀다.

⑤는 일본어문 ⓒ에 해당한다. 다만 ⑤의 내용에 더해 인도의 여러 상관에 부임해 있던 네덜란드 동인도회사의 직원들이 아직 각 담당 지역에 남아있다고 기술한다는 점이 눈길을 끈다. ⑦의 후반부는 삭제되어 그 밖에 특별한 풍설은 없습니다라는 말로 치환되었다.

풍설서가 날짜와 서명이 있는 정식 네덜란드어 원문이 배에 실려 온 뒤 그것을 번역한 종류의 문서라면 이 정도 큰 차이가 발생할 것이라고 생각하기 어렵다. 삭제된 조항을 포함해 내용의 가감 및 수정은 통사 혹은 나가사키 부교의 판단으로 실행된 것이라 생각된다. 다만 그러한 판단의 근거는 알기 어렵

제 1 장 '통상' 풍설서

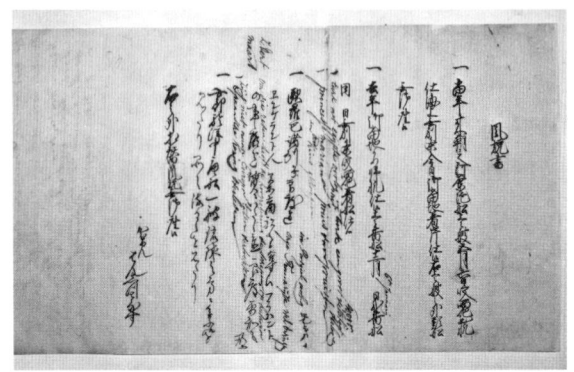

그림 9 《풍설서》 (1833년, 지볼트 기념관(シーボルト記念館))

다. 특히 ⑥은 네덜란드가 중국의 황제에게 약 100년만에 정식 사절을 보냈다는 중요한 기사인데 어째서 번역하지 않았는지 알 수 없다. 그 이전에 일본에서 상관장을 역임한 이삭 티칭 (1744~1812)이 사절이었던 만큼 더욱 그렇다.

1.8 또 다른 초안

'통상' 풍설서의 초안이라고 생각되는 사료가 또 한 점 현존한다. (그림을 참조) 1833년의 풍설서의 바탕이 된 일본어와 네덜란드어 문장이 뒤섞인 문서다. 통사인 나카야마가에 전해져 온 것으로 현재 지볼트 기념관이 소장하고 있다. (네덜란드어 부분을 남기고, [ ] 안에 번역을 붙였다. 의미가 통하게끔 글자의 배치를 약간 고쳤다.)

1.8 또 다른 초안

풍설서

A 하나, 올해 일본에 오는 네덜란드선 한 척이 5월 6일에 가라파를 출발하여, 바다에서 별 일 없이 오늘 이곳에 도착했습니다. 위의 한 척 이외에 다른 배는 없었습니다.

B 하나, 작년에 일본에서 출발한 1번 배 12월 6de januarij[1월 6]일, 2번 배는 같은 날 별 문제없이 가라파에 도착했습니다.

C 하나, turk met egipte oorlog, en turk een groot vedtogt 40000 verloren. [터키는 이집트와 전쟁을 하게 되어 터키가 4만명에 이르는 원정군을 잃었다]

D 하나, princesse mariana met prins van pruissen een dood kind gekregen. [마리아나 왕녀와 프로이센 왕자 사이의 아이는 사산되었다.]

E 하나, in Porttugael oorlog [포르투갈에서의 전쟁] 형제

F 하나, 유럽의 여러 나라들 및 인도 주변, onze Frankrijk wel dwingen [우리들에게 프랑스인이 강요했다] 엥케란토[영국]인 네덜란드 상선을 빼앗아 후라한토의 일이 끝날 때까지 저당을 잡히고, 인도의 평화도 어지러워져 zedert maart om die reden heeft de hoog regering de schepen op batavia zijn niet naar Europa laten vertrekken. [3월 이래 동인도 정청政廳은 이러한 이유로 바타비아에 있는 배를 유럽을 향해 출발시키지 못했다.]

G 하나, Spaansche koning overleden. [스페인왕이 죽었다.]

H 하나, 이번 항해 중 중국선 한 척이 류큐 쪽으로 가는 것을 보았다. 물건들이 흘러가는 것을 보았다. 위 내용 외에 특별한 풍설은 없었습니다.

카피탄 한·싯테루스

제1장 '통상' 풍설서

C는 제1차 이집트-튀르크 전쟁(1831-1833)을 가리킨다. "원정군을 잃었다"라는 것은 1832년 12월의 콘야^{Konya} 전투에서 오스만 제국이 이집트에 패배한 일을 가리킨다고 여겨진다. D의 '마리아나 왕녀'는 네덜란드국왕 빌렘 1세의 딸 마리아너$^{Wilhelmina\ Marianne}$이며, 그 남편 '프로이센 왕자'는 알브레히트 폰 프로이센이다. G의 스페인왕은 페르난도 7세(1784~1833)이다.

덧붙이자면 이 문서의 뒤편에는 연필로 네덜란드 문장이 적혀 있다. 이것도 문법적으로 정리되어 있지 않으므로 통사가 적은 것 같다. 번역하여 소개한다.

> 영국과 프랑스는 대화를 통한 해결을 계획하여 거기에 네덜란드 왕이 참가하게끔 강제했다. 네덜란드 왕이 이를 거부했기 때문에 브라한트[남부 네덜란드의 한 주] 건이 해결될 때까지 네덜란드에 돌아가는 상선은 영국과 프랑스 군함에 의해 강제적으로 억류당하게 되었다. 이로 인해 3월 이래 네덜란드 배는 한 척도 자바에서 네덜란드 본국을 향해 출항하지 못하고 있다.

앞면의 F의 뜻이 통하지 않기 때문에 제대로 네덜란드어로 적어둔 것일 것이다. F보다는 알기 쉬운 내용이다. 1815년의 빈 회의에서 네덜란드 왕국에 편입된 남부 네덜란드가 1830년에 벨기에로 독립을 선언했다. 네덜란드는 영국이나 프랑스가 독립을 승인한 뒤에도 영유를 포기하지 않고 브라한트 지방에 군대를 주둔시키고 있었다. 이 뒷면은 철수를 요구하는 영국·

프랑스와의 사이에 일어난 분쟁에 관한 기술이다.

1.9 '원문'은 존재하지 않았다

가타키리는 이 사료를 같은 해에 막부에 제출한 일본어문 풍설서와 비교대조했다. 그에 따르면 순번이 일치하지 않는 개조, 초안에는 있지만 일본어문 풍설서에는 없는 개조, 초안에는 없지만 일본어문 풍설서에는 있는 개조가 있다. 가타키리는 이 풍설서 중 가장 중요하다고 판단한 부분 D, E, F에 대해 초안부터 일본어문 풍설서가 "매끄럽게 성립해 나간다고는 결코 생각할 수 없다"라고 말한 뒤 "반드시 더 자세하고 정확하게 기재한 문면이 있었음에 틀림없다라고 생각하지 않을 수 없다. 이것이 바로 네덜란드 상관장인 카피탄이 제출했던 풍설서의 네덜란드어 원문 중 가장 중요한 부분이라고 생각한다"(「해외 정보의 번역 과정과 네덜란드 통사」)라고 한다.

그러나 나는 이 사료에서 전혀 다른 결론을 도출하고 싶다. 만일 네덜란드어 원문이 존재했다면, 순번을 바꾸거나 내용을 늘리거나 하는 일 없이 그대로 번역해서 일본어문을 작성하지 않았을까. 그렇게 되어 있지 않은 이상 원래 원문은 존재하지 않았다고 생각하는 편이 자연스러울 것이다. 허심탄회하게 이 문서를 읽어보면 네덜란드 측이 마련해온 다양한 정보를 통사가 취사선택하거나(내밀한 지시라는 형식으로 나가사키 부교의 의사가 반영되는 경우도 있을 수 있다), 상관장이나 선장에게 질문하여 새로운 정보를 덧붙인다는 시행착오의 경과를 보여주고 있다고 판단할 수 있다. '통상' 풍설서란 네덜란드인이 가져온 정보 중에서 나가사키의 사람들이 막부에 전해도 괜찮다고 판단한 정보인 것이다.

네덜란드 풍설서의 세가지 유형

	작성시기	네덜란드어	작성지	결의
'통상' 풍설서	1641–1857	없음	나가사키	없음
별단 풍설서	1840–1857	있음	바타비아	있음
제3유형	1859	있음	나가사키	없음

정리해보자. '통상' 풍설서는 원칙적으로 다음과 같은 방법으로 작성되었다. 우선 상관장이나 선장이 배가 가져온 정보를 통사들에게 구두로 말한다. 여기에 기초하여 통사와 상관장은 풍설서에 담아야 할 내용을 의논한다. 의논을 위해서 통사가 최초로 작성하는 것은 네덜란드어 또는 네덜란드어와 일본어가 뒤섞인 초안이다. 의논 과정에서 그 초안에는 가감 수정이 이루어진다. 통사들은 의논한 결과 확정된 내용을 일본어문으로 번역하여 정서하고(이를 중청서中淸書라고 부른다) 내밀하게 부교의 지시를 구한다. 만일 지시가 없으면(지시가 없는 경우가 보통이라고 생각된다) 다시 한 번 정서한다. 이는 에도에 보내지는 것으로 상관장이 내용에 책임을 진다는 의미로 서명하고 또한 통사가 올바른 번역임을 보증한다는 의미로 서명한다. 다시 말해 원문이 배를 타고 건너오는 일은 없었던

것이다.[6] 이제 이 일을 염두에 두면서 '통상' 풍설서의 역사를 더듬어보자.

---

6) 5장 별단 풍설서에서 다시 설명이 나오지만 바타비아에서 보내오는 별단 풍설서는 바타비아 정청의 결의를 거쳐 내용이 확정된 것이다.

제 2 장

무역허가조건으로서의 풍설서

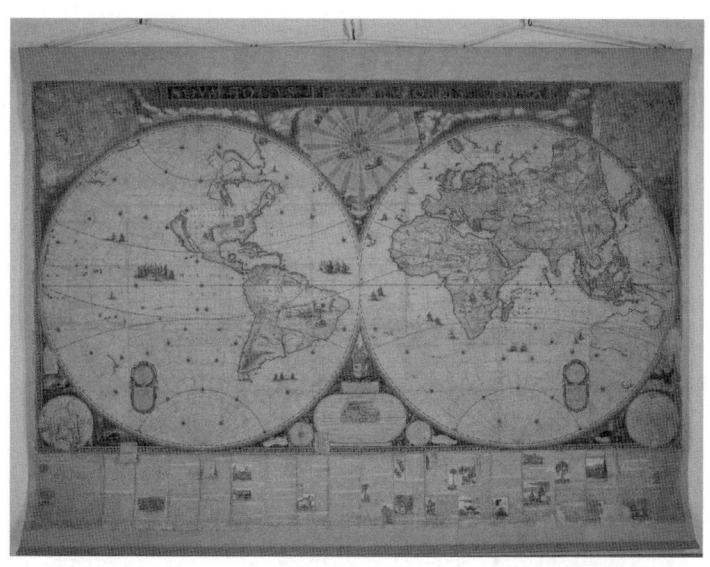

그림 1　J.브라우 《세계도》(1648년, 도쿄국립박물관)

제 2 장 무역허가조건으로서의 풍설서

2.1 '네 개의 창구'의 정비

세키가하라의 전투에서 승리해 국내 패권을 확립한 도쿠가와 이에야스는 대외관계도 장악하고자 도요토미 히데요시의 조선 침략 이래 결렬되었던 명明과의 국교를 자신의 손으로 회복할 방법을 모색했다. 그러나 결국은 명으로부터 거절당한 채였다. 한편 이에야스는 1604년 마쓰마에松前번에게 아이누와의 교역 독점을 인정했다. 1609년에는 이에야스의 허가를 얻어 사쓰마薩摩번의 시마즈島津씨가 류큐를 침공하여 반쯤 영토의 일부로 만들었다. 같은 해에는 쓰시마번을 매개로 조선과의 무역이 재개되었다. 홋카이도(에조치蝦夷地)의 아이누는 사할린(가라후토樺太)에 사는 아이누를 매개로 하여 대륙과의 교역 루트를 갖고 있었고 조선과 류큐는 명의 조공국이었다. 이렇게 해서 이에야스는 일단은 간접적으로 명과의 관계를 확보하고자 했다. 나중에 '네 개의 창구'로 인식되는 대외관계 중 3개의 원형이 구축되었던 것이다. 이에야스의 시대에는 네덜란드선과 영국선과의 교역도 시작되었다. 또한 주인선朱印船 무역도 개시되었다고 한다. 결국 이 시기에 '쇄국' 정책은 보이지 않는다.

그런데 이에야스가 죽은 1616년 2대 쇼군 히데타다秀忠에 의해 그때까지보다 엄격한 기리시탄[1] 금지령이 내렸다. 이와 관련해 포르투갈선은 나가사키로, 영국선·네덜란드선은 히라

---

[1] 에도시대에 기독교 중에서도 주로 포르투갈 선교사가 전도한 카톨릭 신자를 말한다. 서양세력과 손잡고 반란을 할까 우려된다는 이유로 도요토미 히데요시부터 시작해 에도시대 내내 탄압을 받았다.

2.1 '네 개의 창구'의 정비

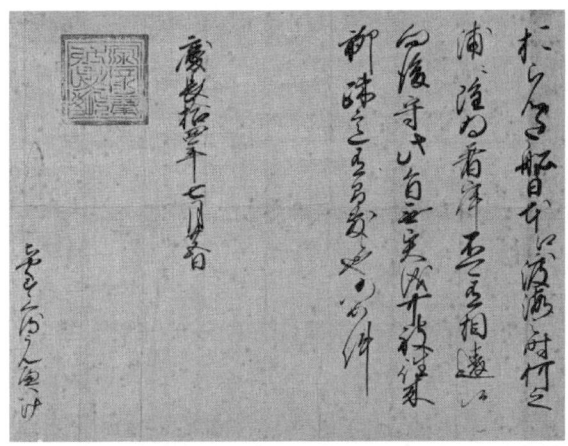

그림 2 도쿠가와 이에야스 주인장(1609년, 네덜란드 국립중앙문서관)

도平戶로 기항지를 한정시켰다. 3대 쇼군 이에미쓰家光의 시대에 들어간 1623년 영국인은 네덜란드인과의 경쟁에 패배해 일본상관을 폐쇄한다. 이듬해에 스페인인은 일본으로의 도항이 금지되었다. 나아가 1635년에는 일본인의 해외 도항이 금지되고 당선의 입항이 나가사키로 한정되었다. 또 1639년에는 포르투갈인이 추방되어 1641년에 네덜란드 상관이 히라도에서 나가사키로 옮겨졌다. 이로써 간에이寬永 시대의 '쇄국' 정책이 일단 완성되었다. 그렇다고는 해도 영국인·덴마크인 등이 교역을 요구해올 경우 그것을 받아들일지 말지에 관해서는 막부도 여전히 확정하지 않은 상태였다.

히데타다부터 이에미쓰 통치기에 이르는 일련의 정책은 '네 개의 창구' 중 나가사키 창구를 정비하는 과정이었다고 말할

제2장 무역허가조건으로서의 풍설서

수 있을 것이다. 그렇지만 처음부터 당인唐人[2]과 네덜란드인만을 받아들이는 나가사키 창구로 만들고자 하는 명확한 구상이 있었다고는 생각할 수 없다. 유럽 여러 세력끼리의 분쟁, 기리시탄의 동향, 당선 무역과의 관계가 깊은 규슈 여러 번의 의향 등을 주시하면서 나가사키 창구는 만들어지고, '창구'는 네 개로 낙착되었던 것이다.

나가사키 항구에서의 대외관계를 상당히 한정적으로 억제할 수 있었던 이유는 다른 세 곳이 이미 완성되었고 간접적으로나마 중국과의 충분한 통교가 확보되었기 때문일 것이다. 이와 병행하여 명이 1610년대부터 분명한 쇠퇴를 보이기 시작해 1644년 끝내 멸망했다. 명을 대신해 중국을 지배했던 청淸이 만주인의 왕조였다는 것도 있어서 막부는 더 이상 중국과의 직접적인 국교 맺기를 희망하지 않게 되었다. 이처럼 이에미쓰의 시대에 에도시대의 대외관계의 틀은 상당히 굳어져 갔다.

하지만 막부가 안심하고 있을 수 있던 것은 아니다. 1640년에 무역 재개를 탄원하기 위해 마카오澳門(동아시아 내의 포르투갈인 거점. 포르투갈인이 중국 황제로부터 빌렸다) 당국에서 파견되어 온 사절을 처형하여 보복이 예상되었기 때문이다. 또한 1642년의 안토니오 루비노 신부 일행이 밀입국한 사건, 1643년의 가지메노오시마梶目大島 사건(엔도 슈사쿠遠藤周作의 1966년 소설인 『침묵』의 모델이 되었던 선교사 잠입사건)과

---

[2] [원주] 대부분이 중국인·화교지만, 17세기에는 샴(Siam) 사람·통킹(Tonkin) 사람도 일부 포함되어 있었다.

선교사의 밀입국 사건이 이어져 막부는 신경을 곤두세웠다.

2.2 네덜란드의 움직임

1568년에 스페인으로부터 독립을 선언한 네덜란드(스페인령 북부 네덜란드)는 17세기 전반에 황금시대를 맞이했다. 1602년에 설립된 네덜란드 동인도회사는 1641년에 포르투갈에게서 말라카(현 말레이시아 믈라카)를, 1642년에 스페인으로부터 타이완의 지룽基隆을 탈취했다. 실론(현 스리랑카)이나 브라질에서는 포르투갈과 치열한 전쟁을 계속하고 있었지만 전체적으로는 스페인·포르투갈의 두 가톨릭 세력이 서서히 힘을 잃어가고 있었다. 유럽에서는 1648년에 베스트팔렌 조약이 체결되어 네덜란드 독립전쟁이 종결되었다. 스페인은 최종적으로 네덜란드 공화국의 독립을 승인했다.

이즈음부터 가톨릭교 국가 대 프로테스탄트교 국가라는 종래의 도식도 무너지기 시작했다. 1640년에 포르투갈은 세력이 약해진 스페인의 지배로부터 독립을 선언했다. 포르투갈은 스페인과의 전쟁을 유리하게 하기 위해, 1641년에 네덜란드와 10년간 휴전한다는 조약을 체결한다.[3] 포르투갈과 네덜란드의 휴전 조약에도 불구하고 아시아에서는 종종 군사 분쟁이 일어났다.

---

3) 포르투갈은 스페인에 외교권을 빼앗긴 상태로, 스페인과 적대관계였던 네덜란드가 포르투갈의 식민지도 공격하고 있었다.

제 2 장 무역허가조건으로서의 풍설서

　네덜란드 동인도회사에게 포르투갈인 이상으로 큰 문제였던 것이 명의 쇠퇴를 틈타 힘을 기른 동중국해의 해상 세력인 정鄭씨였다. 1641년에는 국성야國姓爺 정성공鄭成功의 아버지 정지룡鄭之龍(일관一官)이 일본 무역에 뛰어들었다. 그 결과 네덜란드의 중계 기지인 타이오완Tayowan(현 타이완의 안핑安平)에 중국산 생사가 들어가지 않게 되었다. 1646년에는 정지룡의 근거지인 푸저우福州가 청군에게 함락되지만 그 후에도 정씨의 일본무역은 지속되었다. 동인도회사는 이들 당선을 일본무역에서 배제하는 것이 중요했다. 이 때문에 해상에서의 당선 나포와 막부에 당선의 도래를 금지시키고자 하는 정보전이라는 두 가지 방법이 취해졌던 것이다.

2.3 정보 제공의 의무 공시

그간 네덜란드 풍설서는 1641년에 성립했다고 알려져 있었다. 그러나 네덜란드인이 막부에 포르투갈인의 해외 동향을 보고하는 일은, 상관이 나가사키로 이전한 1630년 이전부터 이미 실행되고 있었다. 네덜란드인은 무역상의 경쟁 상대인 스페인인이나 포르투갈인을 배제하기 위해 그들의 무역은 포교와 일체이며, 포교 뒤에는 군사적인 공격이나 정복을 동반하는 일이 일반적이라고 선전했던 것이다. 이 내용은 완전히 거짓은 아니다. 막부는 가톨릭 세력에 대한 두려움을 한층 더 강화하게 되었다. 다시 말해 1641년은 네덜란드인이 실제로 막부에게 정보 제공을 시작한 해가 아니다.

● 2.3 정보 제공의 의무 공시

네덜란드 상관장 막시밀리안 러 메러^{Maximiliaan le Maire}는 1641년 5월 11일 에도에 상경했다. 무역허가에 감사를 표하기 위해 쇼군에게 배알했고 그때 두 개조의 명령을 받았다.

> 하나, 네덜란드 배가 나가사키에 다다르면 착안著岸하게 하여 장사 등은 이곳에서 하게 할 것.
> 하나, 기리시탄의 종문宗門은 금지하고 계시니 네덜란드나 그 외의 배에 저들[기리시탄]이 타고 왔더라도 이를 알고 있다면 바로 위에 보고해야 한다. 만일 감추고 있다가 후일 발각된다면 네덜란드 배가 일본에 도해하는 일은 정지당할 것이다.

제1조는 네덜란드선의 입항은 향후 나가사키에만 허용되며 장사도 나가사키에서 해야 한다는 것이고, 제2조는 만일 네덜란드선 혹은 다른 배에 가톨릭 교도가 타고 있다는 사실을 알고 있다면 곧바로 말해야 하며, 만일 숨기고 있다가 나중에 발각되는 경우에는 네덜란드선의 일본 도항을 금지한다라는 내용이다. 1641년은 막부가 네덜란드인에게 정보 제공을 의무로 부과한 해다.

전부터 지적되어 온 바와 같이 이것이 정보 제공을 의무화한 최초의 명령이다. 어째서 1641년에 이 명령이 내려졌을까. 우선 2년 전 포르투갈인을 추방하여 해외 정보원이 줄었기 때문이다. 그리고 포르투갈인의 추방을 철저하게 하고 선교사의 잠입을 방지하기 위해서 방책을 강구하지 않으면 안 된다는 것도 이유였다. 게다가 막부는 1640년에 마카오에서 파견한

제 2 장 무역허가조건으로서의 풍설서

사절을 처형했기 때문에 포르투갈 측의 보복 공격을 상정하고 있었기 때문이기도 하다. 1641년부터 막부는 전국에 원견번소遠見番所[4]를 설치하고 진지한 경계태세에 들어간다. 정보 제공의 의무화도 연안 방비체제의 강화와 연동하는 것이리라. 동시에 이즈음 네덜란드인도 가톨릭은 아니지만 같은 기독교도라는 사실을 쇼군이 강하게 인식했다. 막부는 네덜란드인에게 포르투갈인의 정보를 제공하게 만들어 포르투갈인과 동맹이 아니라는 증거로 삼고자 했던 것이다.

이 명령문이 "정보 제공을 하지 않으면 일본 도항을 금지한다"라는 일종의 협박 문구를 동반하고 있음은 주목할 만하다. 결국 정보 제공은 일본에서의 무역을 허가하기 위한 조건으로 여겨졌던 것이다. 무역 금지나 철수라는 선택지로 몰리게 될 가능성이 현실에 있었기 때문에 네덜란드 상관장이나 보고를 받았던 네덜란드 동인도 총독은 이 협박을 진지하게 생각했을 것이다.

2.4 막부의 논리

막부는 무역을 희망하는 것이 일방적으로 네덜란드인 쪽이라는 명분을 내세웠다. 네덜란드인은 통상 허가를 특별한 호의의 증거로 감사히 여기고, 통상 관계의 존속을 위해서 '봉공奉公'에 진력해야 한다는 것이 막부의 논리였다. 정보 제공은 쇼군

---

4) 연안 각지의 전망이 좋은 곳에서 통행인이나 외국 선박의 동태를 감시하는 기관이다.

에 대한 '봉공'으로 간주되었다. 네덜란드인도 이러한 논리를 순순히 받아들였다.

막부의 논리는 19세기까지 기본적으로 바뀌지 않았다. 다만 이 의무화에 실질적인 강제력이 없다는 사실을 막부가 눈치 채고 있었으리라고 본다. 막부가 갖고 있던 있을까 말까한 정도의 강제력은, 충분하지는 않아도 네덜란드인 이외의 정보원을 갖고 있다는 사실과, 네덜란드인이 일본 무역의 이익을 무슨 일이 있어도 놓치고 싶어 하지 않았다는 사실 뿐이었다. 하지만 전자는 막부가 해외에서 스스로 정보수집을 하지 않는 이상 효과적인 압력이 될 수 없었다. 후자도 네덜란드 동인도회사의 장부를 볼 수 없는 막부가 안심할만한 결정적인 요소는 아니었다. 실제로는 17세기에 동인도회사 전체의 이익을 일본 무역이 지탱하고 있었다고 해도 과언이 아니지만 막부는 그것을 알 수 없었다.

막부가 정보의 제공을 공식적으로 '의무화'했다는 것은 만일 네덜란드인이 정보를 감추거나 허위로 알릴 경우 (본래 절대적이어야 하는) 막부의 권위가 일본 국내에서 대폭 실추된다는 의미다. 그럼에도 불구하고 공식적으로 '의무화'를 단행했다는 것은 1641년의 단계에서 네덜란드인에 의한 정보 제공이 기정사실화 되었기 때문이라고 보인다. 결국 강제력 유무와 상관없이 네덜란드인은 포르투갈인의 정보를 제공할 것이라는 계산이 막부에게는 있었다.

제 2 장 무역허가조건으로서의 풍설서

2.5 네덜란드 풍설서의 '성립'

1633년 이래 1855년까지 일본에서 근무한 네덜란드 상관장은 「상관장 일기」라고 부르는 공무일지의 기록을 면면히 이어나갔다.

이에 따르면 1641년 7월에 러 메러는 바타비아로부터의 편지에 의해 포르투갈인이 캄보디아에 거점을 만들어 캄보디아인이나 중국인을 써서 교묘하게 일본 무역을 부활시키고자 하고 있음을 알게 된다. 그래서 러 메러는 새로운 정보로서 이를 나가사키 부교에게 알렸고 부교는 만족한 듯했다. 게다가 부교는 통사들에게 그 내용을 긴 일본어 문장으로 적게 했고 이 새로운 정보는 러 메러에게 들은 것이라는 증거 서류로 만들어졌다.

이것이 1641년의 명령을 받아 작성되었던 네덜란드 풍설서 제1호. 아직 러 메러는 1641년의 명령을 제대로 파악하지 못한 상태로 정보 제공이 '의무화되었다'라고는 인식하지 않았다. 그렇기 때문에 여태까지 없었던 나가사키 부교나 통사들의 과장된 반응을 보고 일본인이 자신에게 법외적인 책임을 부담시키려는 것이 아닌지 의구심을 품으며 앞으로 이런 종류의 정보는 알리지 않는 편이 좋은 것이 아닌가 걱정한다.

나가사키 부교는 네덜란드인이 제공한 정보에 곧바로 달려들었고 자신의 공으로 돌리기 위해 과잉된 정도의 대응을 했던 것이다. 그 후에도 잠시 동안은 배가 입항할 때마다 새로운

2.5 네덜란드 풍설서의 '성립'

정보를 구하고자 통사가 상관장을 방문하게 되었다. 네덜란드인에게 부과된 의무는 '만일 정보가 있다면' 제공한다는 것이었지만, 이러한 부교나 통사의 행동으로 인해 배가 도착할 때마다 정보를 제공하게 되었다.

실제로 일본 무역을 금지당해 곤란해졌던 마카오의 포르투갈인은 자신들의 상품을 동남아시아 각지에서 당선으로 일본에 날랐다. 이는 동인도회사에게 있어서 불리했기 때문에 이후에도 종종 해당 건을 보고했다. 러 메러의 걱정은 잊혀진 것이다.

1641년 가을 새로운 상관장 얀 판 엘세락Jan van Elseracq은 같은 해 막부의 명령을 바타비아에 써서 보냈다. 이 서한과 귀임歸任한 러 메러의 구두 보고를 통해 총독 안토니오 판 디먼Antonio van Diemen은 일본 정세를 판단하고 대책을 검토했다. 그 결과 총독은 1642년 6월 28일자 서한에서 상관장 판 엘세락에게 다음과 같이 적었다.

> 우리는 막부로부터 쇼군의 이름으로 일본에 적대적이거나 일본의 평화를 어지럽히려고 하는 로마교도의 갖가지 기도를 가능한 한 폭로하라고 명령 받았습니다. 그래서 중국 정크선이나 다른 배들의 화물칸을 이용해서 선교사를 일본에 보내려고 하는 작업이 로마교 성직자들 사이에서 자주 이루어지고 있다는 우리에게 유리한 정보에 관해 기회를 놓치지 않고 귀하에게 알려드립니다. (『일본관계해외사료 네덜란드 상관장 일기』부록 참조)

제2장 무역허가조건으로서의 풍설서

정보를 제공하라는 명령을 이용해서 선교사가 중국선으로 일본에 잠입하고자 한다는 움직임을 막부에 알리도록 명하고 있다. 네덜란드 동인도회사에게 있어 이 시기에 가장 거슬리는 존재는 정씨가 이끄는 중국선이었다. 그래서 가톨릭 선교사와 중국선과의 연결을 강조하고 중국선도 함께 일본 무역에서 배제해버리려고 하는 것이다. 참고로 당시의 네덜란드어 사료에서는 '가톨릭'이라는 말을 거의 쓰고 있지 않다. 그렇기 때문에 인용시에는 사료에 가급적 충실하기 위해 '로마교'로 쓰겠다.

총독은 위 인용의 앞선 부분에서 상관의 나가사키 이전이나 일본 측의 강압적인 태도를 생각해볼 때, 네덜란드에도 일본 무역 단절의 가능성은 충분히 있다는 우려를 표명하고 있다. 그럼에도 불구하고 네덜란드가 일본과의 우호관계를 지키고 네덜란드인 이외의 모든 외국인이 추방될 것을 기대한다라고도 말하고 있다. 무역의 단절을 우려하면서도 그것을 막고 동시에 중국선을 쫓아내기 위한 수단으로 정보 제공을 활용하려는 것이다.

바타비아의 총독은 정보 제공이 새롭게 '의무화'되었다는 사실을 이해했다. 물론 총독이 막부의 명령을 따라야 할 까닭은 없었다. 그들이 따라야 하는 것은 네덜란드 본국의 회사 중역회였지 그 외의 누구도 아니다. 이 명령에 따르는 유일한 동기는 그것이 일본 무역의 이익을 확보하기 위해 필요하다는 인식뿐이다. 실제로 정보 제공의 의무화는 동인도회사의 이익을 늘리기 위한 환경을 정비하는 기회가 되었다. 경쟁 상대인 포르투갈인이나 중국인, 특히 정씨 세력과의 대항관계를 유리하게 만들기 위해 상대에게 불리한 정보를 막부 측에게 당당하게 흘리는 기회가 주어진 것이기도 했다.

2.6 포르투갈 사절 내항 정보

이 시기에 네덜란드인이 제공한 정보의 한 가지 예로써 1647년의 포르투갈 사절 내항 사건을 보도록 하자. 이 사건은 정보 제공의 의무를 게을리 했다는 이유로 네덜란드인이 나중에 견책을 받는다는 점에서 중요하다.

우선 사절이 일본에 도달하기까지의 움직임을 간단히 확인해두도록 한다. 1643년 초에 마카오에서 포르투갈의 수도 리스본으로 사자가 파견되었고, 일본 무역이 궁지에 몰린 상황과 일본에 보냈던 마카오의 사절이 나가사키에서 막부에 의해 처형되었다는 사실을 읍소했다. 포루투갈의 왕인 주앙 4세는 포르투갈이 스페인으로부터 독립했음을 알리는 명분이지만 실제로는 무역 재개를 부탁하기 위해 일본에 사절을 보내기로 결정했다.

1644년 2월에 사절은 두 척의 배로 출발했다. 하지만 도중에 폭풍을 만났기 때문에 사절이 탄 한 척은 순다^{Sunda} 해협(수마트라 섬과 자바 섬 사이) 부근에서 네덜란드에 보호를 구했다. 해당 배는 바타비아로 옮겨져 포르투갈이 고아^{Goa}(아시아에서의 포르투갈 본거지)에 네덜란드선 파우호를 억류하고

제 2 장 무역허가조건으로서의 풍설서

있던 일에 대한 대항 조치로서 억류되었다. 약 4개월 후 파우호가 풀려나면서 이 배도 네덜란드 동인도 총독으로부터 항해사 등을 빌려 마카오에 도착했다.

포르투갈 사절은 그 후 일단 고아로 돌아갔다가 1646년 8월 다시 일본으로 향했다. 그런데 마카오를 출발했던 것이 8월 중반이라는 늦은 시기였기 때문에 류큐 부근에서 북풍으로 바뀌어 포기하고 마카오로 돌아갔다. 1647년 7월에 사절은 세 번째 항해를 시작했고 같은 달 중으로 드디어 나가사키에 도착했다.

이러한 포르투갈 사절의 움직임을 어떤 식으로 일본인에게 전달했을지 네덜란드 측의 사료를 통해 보도록 하자.

이 사절 파견 계획을 일본 상관이 안 것은 총독 판 디먼이 보낸 1643년 5월 9일자의 다음과 같은 서한에 의한다. 이 시점에는 아직 사절이 포르투갈을 출발하지 않았고 어디까지나 계획 단계였다.

> 마카오의 포르투갈인이 중국인과 협력하여 일본 무역을 하려고 시도하고 있음은 분명합니다. 이 움직임에 관해 우리의 친구인 일본인[이노우에 마사시게井上政重나 마키노 지카시게牧野親成 등을 상정하고 있다]에게 알려주십시오. …
> 포르투갈인은 다시 일본에 가고 싶다는 희망을 계속 갖고 있으며, 그들의 왕이 일본에 특별 사절을 파견해 올 것이라고 공언하고 있습니다. 우리의 친구들[이노우에나 마키노]의 의견에 관해 앞으로의 상황이 어떻게 될

것인지 정보를 수집하고 가능한 한 갖가지 방해책을 강구해 주십시오.

또한 만일 영국인이나 덴마크인이 어느 날엔가 일본에 나타난다면 일본인은 어떤 처우를 할 예정인지도 살펴봐 주십시오. 다른 여러 나라 사람들을 물리치고 우리만이 일본에 도항하여 무역을 할 수 있게끔 조처해주시길. 네덜란드와의 배타적인 관계가 일본에 안심과 평안을 가져다주고 만족을 줄 수 있을 것이라고 설명해 주십시오.

이는 결국 일본 무역 독점을 위한 정보전을 하라며 총독이 일본 상관에게 내린 지시이다. 제1단락은 중국선의 일본 무역 방해책의 일환으로서 마카오의 포르투갈인과 중국선의 연결을 네덜란드인에게 호의적인 막부 각료인 요인들에게 고하라고 명하고 있다. 중략 부분에서는 루비노 신부 일행이 일본에 도항했다는 정보를 통사나 데지마의 오토나乙名인 에비야 시로에몬海老屋四郎右衞門에게 전하라고 명하고, 중국인이 협력하고 있음을 굳이 덧붙이라고 하고 있다. 이러한 예에서 볼 수 있듯이 네덜란드인은 포르투갈인이 중국인과 협력해서 일본에 기독교를 포교하려고 하고 있음을 반복해서 말한다. 이 방법으로 잘하면 최대의 경쟁 상대인 중국인까지도 일본 무역에서 떨쳐내 버리려고 했던 것이다.

제2단락이 포르투갈 사절의 정보다. 사절이 목적을 달성하지 못하게끔 방해하라고 지시하고 있다. 제3단락에서는 영국인과 덴마크인이 무역을 바라는 경우에 일본인이 어떤 대응을 하는지 조사하라는 명령이다. 총독은 다른 유럽인을 배제하고 일본 무역을 독점할 수 있다고 확신하지 못했음을 알 수 있다. 포르투갈인이 일본 무역에 다시 들어올 수도 있다고 총독은 생각했던 듯하다.

2.7 통사 영향력의 크기

새로운 상관장인 판 엘세락은 1643년 10월 1일자로 총독에게 쓴 서한에서 다음과 같이 답변했다.

> 포르투갈인이 일본에 허용될 가능성은 현재의 쇼군이 살아있는 한 전혀 없습니다. 에비야 시로에몬이나 통사들(그들은 모두 친구이며, 우리는 그들과는 자유롭게 이야기 할 수 있습니다만, 그들이 동석하지 않으면 훌륭하고 지식이 있는 사람들과의 교제가 허락되지 않습니다)에게 포르투갈 왕이 일본에 특별한 사절 파견을 준비하고 있다는 포르투갈인의 증언에 관해 자세히 이야기했습니다. 만일 포르투갈인이 일본에 나타난다면 2년 전보다도 훨씬 고통스럽게 죽임을 당할 것이라고 통사는 우리들에게 분명하게 보증했습니다.
>
> 영국인·덴마크인·프랑스인 및 그 외의 기독교 국민이 일본에 나타날 경우 우리 네덜란드인과 동일하게 좋은 대우를 받을 것은 의심의 여지가 없으며 그것을 우리의 힘으로 막는 일은 불가능합니다.
>
> 귀하의 지시에 따라 포르투갈인이 캄보디아나 그 외의 토지에서 하고 있는 일에 관해 시로에몬이나 통사들에게 말했습니다. 포르투갈인이 중국인을 사용한 일본 무역을 그만두게 하지 않을 것이라는 사실과 포르투갈인 선

교사를 통해 일본을 혼란시키고자 했다는 일을 그들은 잘 이해하고 있습니다. 그러나 통사는 우리에게 다음과 같이 충고했습니다. 즉, 물어보지 않는 한 부교에게는 포르투갈인의 행동에 관해 이야기하지 않는 편이 좋다, 포르투갈인과 네덜란드인은 서로에게 적이며 서로가 다른 쪽에 대한 험담밖에 하지 않는다는 사실을 잘 알고 있기 때문이다라고.

이 서한에서 판 엘세락은 총독 서한의 지시에 하나하나 답하고 있다. 조금 더 설명을 보완해 두겠다.

제1단락에서는 사절은 목적을 달성하는 일이 가능하지 않을 것이라는 예상을 드러내고 있다. 총독은 친네덜란드파의 막부 주요 인물에게 전달하라고 상관장에게 명령을 내렸지만, 실제 일본의 상황에서는 그렇게 간단하게 그들과 얘기할 수 없었던 것이다. 포르투갈 사절의 건은 그 후 에도에서 슈몬아라타메야쿠^{宗門改役5)}인 이노우에 마사시게 등으로부터 질문 받거나 한 흔적이 없다. 사절 파견의 신빙성을 의심한 데지마의 오토나, 통사의 판단으로 부교에게는 전달이 안 되었거나 또는 부교가 에도에 보고하지 않았던 것이리라.

제3단락에서는 일본 무역에서 중국선을 배제하기 위한 정

---

5) 1612년 기리시탄 금지령(キリスト教禁止令)에 의해 실행된 정책을 슈몬아라타메(宗門改)라고 불렸다. 시마바라의 난(1637-1638) 이후 1640년부터 막부가 직접 슈몬아라타메야쿠를 임명하여 상설화했다. 슈몬아라타메는 기리시탄 색출과 종교개종을 수행할 뿐 아니라 일종의 인구조사인 닌베쓰아라타메(人別改)와 통합된 형태로 실시되었다. 슈몬아라타메야쿠는 2명 정원이었고 요리키 6기, 도신 30명이 배속되었다.

보활동을 단순한 비방이나 중상으로 여겨지지 않기 위해서는 별로 말하지 않는 편이 낫다고 통사로부터 충고 받았음을 보고하고 있다. 포르투갈인이 중국선을 사용해 선교사를 보내려고 하고 있다는 등의 정보를 네덜란드인은 그때까지도 반복해서 전하고 있었다. 그때마다 중국인과 네덜란드인 쌍방의 의견을 소환했으나 부교도 어느 한쪽의 의견을 취할 수 있는 결정적인 증거를 찾지 못했다. 그러므로 통사는 이러한 충고를 했던 것으로 생각된다. 막부의 명령과 모순인 듯 보이지만, 포르투갈인과 중국인이 협력해서 일본에 포교를 한다는 내용 자체도 설득력이 결여되어 있었고, 막부도 나가사키의 사람들도 중국 상인을 필요로 했던 것은 아니었을까. 그래서 통사로서는 그다지 부교에게 들려주고 싶지 않은 내용이었을 것이다. 이렇게 막부 명령의 운용을 실질적으로 수행하고 있었던 점으로부터 정보 제공의 현장에서 통사가 가졌던 영향력의 크기를 짐작해 볼 수 있다. 결국 네덜란드가 정보전으로 중국인을 떨쳐내지는 못했다. 네덜란드인의 정보 제공에 막부가 기대했던 일은 역시 유럽인의 동정에 관한 보고였던 것이 아닐까. 포르투갈인에게 사용했던 방법을 중국인에게도 써먹으려 했다는 점이 근본적으로 무리였다고도 말할 수 있을 것이다.

2.8 포르투갈과 영국 공모의 소문

1644년 2월에는 포르투갈 사절이 첫 항해에 나섰지만 바타비아에서는 그것을 조기에 알 길이 없었다. 총독 판 디먼이 상관장

● 2.8 포르투갈과 영국 공모의 소문

판 엘세락에게 쓴 같은 해 5월 2일자 서한에는 "포르투갈인은 일본으로 항해하는 일에 대해 절망하기 시작한 것 같습니다"라고 적었다. 그리고 일본 무역을 네덜란드인이 독점하는 상황이 바람직하지만 그것은 판 엘세락의 판단대로 어려울 것이라는 사실, 그렇지만 유럽의 다른 나라가 만일 뛰어들었다 해도 일본에서의 다양한 무역상의 규제를 견디지 못해 언젠가 나가 버릴 것이라는 사실, 나아가 당분간은 프랑스·영국·덴마크의 동인도회사의 등판을 두려워 할 필요는 없을 것임을 적고 있다. 총독은 일본 무역의 독점을 위협하는 몇 가지 움직임의 하나로 포르투갈 사절을 보고 있었다는 점을 알 수 있다.

그런데 이후 영국선이 인도의 고아에서 코치^{Kochi}(인도 서안 남부의 도시)와 마카오를 경유하여 일본에 오려고 하고 있다는 정보가 바타비아에 들려왔다. 그로 인해 같은 해 7월 4일자 서한에서 판 디먼은 다음과 같이 판 엘세락에게 지시했다.

> 영국선 윌렘호가 일본에서 이익을 얻고자 하는 계획임은 의심의 여지가 없고 나가사키나 히라도에 나타날 것은 틀림없습니다. 이 배가 어떻게 행동하고 일본에서 어떻게 취급될 것인가라는 문제에 나는 큰 관심을 갖고 있습니다. 그렇기 때문에 귀하는 나가사키 부교에게 그를 짜증나지 않게 하는 범위 내에서 가능한 한 이 영국선과의 교섭에 의해 일본이 마주칠 불안이나 위험을 설명하고, 영국과의 무역이 저지되게끔 유도하여 영국인이 일본으로의 내항을 금지당할 때까지 실행 가능한 모든 일을 해주십시오. (『일본관계해외사료 네덜란드 상관장일기』부록 참조)

73

제 2 장 무역허가조건으로서의 풍설서

상관장 일기 9월 26일 항목에 따르면 열흘 정도 전에 나가사키에서 포박된 중국인 기독교도가 부교에게 고문당해 다음과 같은 공술을 했다. 영국선이 포르투갈 상품을 싣고 마카오에서 일본으로의 도항을 계획하고 있다. 그 배로 마카오의 포르투갈인도 일본 무역이 다시 허가되지 않을까 탐색하러 올 것이다. 부교는 "경악했으며 이 이야기를 부분적으로나마 예고했던 네덜란드인의 성실함을 평가해, 영국인이 나가사키에 온다면 가차 없이 죽이고 배와 상품을 태워서 재로 만들어버릴 것이라고 우리 네덜란드인에게 보증했다". 이보다 전 단계에서 상관장이 총독 지시대로 서한의 내용을 부교에게 전했을 것이다.

1645년 2월 에도 상경 중이던 상관장 피터르 안토니스 오버르트바터르 Pieter Anthonisz Overtwater 는 이노우에 마사시게로부터 갖가지 질문을 받았다. 이노우에는 기리시탄 단속을 담당하는 슈몬아라타메야쿠라는 직무에 있었다. 그렇기 때문에 상관장이 에도에 왔을 때를 이용해 네덜란드인으로부터 직접 포르투갈인 등에 관한 정보를 얻으려고 했던 것이다. 고아에서 바타비아까지의 거리, 포르투갈선이 내항할 때 영국이 원조할 가능성, 마카오의 영국선이 일본에 왔을 경우 선원을 살해하면 영국인은 복수할 것인가, 영국인과 포르투갈인이 연합하면 일본에 손해를 끼칠 정도로 강력해지는가 등이다. 이즈음 마카오에서 영국선 내지는 포르투갈선이 올 것이라는 사실이 상당히 확실한 정보로 막부 내에서 인식되어 대책에 관한 협의가 이루어지고 있었던 점을 알 수 있다. 덧붙이자면 포르투갈 사절과 영국과의 관계에 관한 화제는 어째서인지 이 해로 끝났다.

2.9 포르투갈 사절의 바타비아 기항

1645년 2월 즈음부터 포르투갈선 내항에 대비해 규슈의 군사적인 방위 체제가 강화된 사실은 야마모토 히로후미山本博文가 지적한 바 있다. 그 계기로는 중국선에 편승해서 온 마닐라의 선교사가 고문을 받고 실토한 마카오에서 사자가 무역 재개를 탄원하러 온다는 등의 정보 때문이기도 했지만, 네덜란드인으로부터의 정보에도 입각해 벌어진 일이었다.

1645년 6월 3일자로 바타비아에서 일본 상관에 보낸 서한은 다시 포르투갈 사절에 대해 언급한다.

> 아무래도 포르투갈인은 일찍이 일본에서 맛본 이익을 아직 잊지 않은 듯한 모양입니다. 작년에 포르투갈 왕은 두 척의 갤리온선을 마카오로 직행시켰지만 그 중 한 척은 안타깝게도 바타비아의 항구에 기항하지 않을 수 없었고, 지난 4월 초에 그곳에서 마카오로의 항해를 재개했습니다. 이 배로 포르투갈 왕인 주앙 4세의 특사가 쇼군에게 일본에서의 통상을 이전 상태로 돌려달라고 부탁하기 위해 본국에서 왔습니다. 그렇다고는 하지만 일본에서 죽을 각오로 그가 파견사절의 임무를 실행에 옮길지 어떨지는 대단히 의문입니다. 그래도 귀하는 이 일을 일본인에게 알릴 필요가 있겠지요. 그렇게 하면 막부의 명령대로 일본에 대해서 기획하고 있는 나쁜 일들을 사전에 고지했다고 간주될 것입니다. 영국인이나

제 2 장 무역허가조건으로서의 풍설서

> 덴마크인이 올해 일본으로 향한다는 얘기는 듣지 못했습니다. (『일본관계해외사료 네덜란드 상관장 일기』참조)

포르투갈 사절의 바타비아 기항은 나중에도 문제가 되지만 적어도 일본 상관원에게는 정확하게 전달되어 있었음을 알 수 있다. 일본인에게 감추고 있으라고는 지시 받지 않았다.

이 서한에서는 포르투갈과의 휴전을 철저히 하기 위해 새삼 본국으로부터 지령이 떨어졌다는 사실도 포함했고, 일본인이 이를 기뻐하지 않을지도 모른다는 걱정을 하며 다음과 같이 말한다.

> 이 휴전을 비밀로 해둘 수는 없겠지요. 그러니까 다른 사람들이 이를 알려주기 전에 귀하가 일본인에게 그것을 알려주는 편이 좋을 것입니다. 만일 누군가가 선수를 친다면 일본인은 네덜란드인에 대해 금방이라도 악감정을 품을 수 있을테니까요. (『일본관계해외사료 네덜란드 상관장 일기』참조)

이 서한을 받은 상관장 오버르트바터르는 포르투갈 사절에 관해 바타비아에 있다고는 말하지 않고 "바타비아에서 멀지 않은 곳에 있는 도시 반탐Bantam에 있었다고 전해진다"라며 약간 헷갈리게 얘기를 덧붙여 통사에 말했다. 또한 네덜란드와 포르투갈 사이의 휴전에 관해서도 전했다. 통사는 사절에 관해 부교에게 알리는 것은 다음 배가 도착할 때까지 연기해야 한다고 말했다. 그러나 휴전에 관해서는 부교에게 보고된 것으로

● 2.9 포르투갈 사절의 바타비아 기항

상관장은 이해했다(사실은 알려지지 않았다는 것이 이듬해에 밝혀진다).

1645년 9월 7일, 다섯 번째 네덜란드 배가 입항했다. 그 배에서 얻은 포르투갈 사절에 관한 정보를 상관장은 부교에게 상세히 보고했다. 그러자 이렇게 상세하게 네덜란드인이 이 건에 관한 보고를 해서 부교는 만족하고 있다고 알려왔다.

해가 바뀌어 1646년 2월 에도에 상경했던 상관장 레이니어르 판 췸Reinier van Tzum 은 쇼군의 측근인 구제 히로유키久世廣之나 마키노 지카시게, 에도에 근무하는 나가사키 부교인 바바 도시시게馬場利重로부터 포르투갈에서 일본에 파견된 사절에 관한 건을 알고 있냐는 질문을 받았다. 판 췸은 알고 있지만 그가 일본에 올 용기가 있을지에 대해서 우리는 의심하고 있다고 대답했다. 나가사키 부교만이 아니라 구제나 마키노도 이 문답에 참가하고 있다는 사실은 주목할 만하다. 포르투갈 사절에 관해 네덜란드인이 나가사키 부교에게 착실하게 보고하고 있다는 사실은, 막부의 중추도 인식하고 있었음을 알 수 있기 때문이다.

1646년 8월 13일에는 네덜란드선의 선장으로부터 포르투갈 사절이 드디어 오는 것 같다는 출처가 의심스러운 소문이 일본 상관에 전해졌다. 상관장은 확실한 정보라고 할 수는 없지만이라고 덧붙이며 통사들에게 알렸다.

같은 달 28일에 상관장에게 도착한 바타비아에서 보낸 6

제 2 장 무역허가조건으로서의 풍설서

월 18일자 서한에는 포르투갈 사절의 내일來日은 확실하므로 "만일 이 서한을 받기 전에 사절이 일본에 나타나지 않았다면 사절이 온다고 부교들에게 알려주십시오"라는 지시가 있다. 같은 서한에 영국인이나 덴마크인이 올해 일본으로 향하지 않는 듯하다는 관측도 적혀있다. 상관장은 서한이 도착한 그 날로 포르투갈인이 고아에서 사절 파견을 실현시킬 것이라는 정보를 부교에게 통지했다. 여기까지가 사절 내항 이전의 정보 제공의 경과이다.

2.10 네덜란드와 포르투갈의 휴전

관련된 사항이므로 포르투갈과의 휴전에 관한 상관장 일기의 기사도 소개해둔다. 1646년 9월 전년에 부교에게 알렸다고 생각한 휴전 철저의 알림이 통사에 의해 묵살 당했다는 사실이 밝혀졌다. 신임과 전임 상관장은 통사들을 불러 다음과 같이 통고했다.

> 최악의 경우 휴전의 합의는 네덜란드 동인도회사의 적 [아마도 중국인]으로부터 부교에게 전달될 지도 모른다. 그렇게 되면 우리가 가만히 있었다는 사실로 인해 많은 난제가 부상할 수 있다. 그러므로 포르투갈인과의 합의를 우리 쪽에서 분명히 하고 그것으로 우리의 솔직함과 성실함을 증명해서 온갖 의심을 제거하는 것이 현명하다고 생각한다. (『일본관계해외사료 네덜란드 상관장 일기』참조)

그러나 통사들의 의견은 다음과 같았다.

> 이는 대단히 숙려를 요하는 난제다. 특히 두 척의 갤리온선으로 오려고 하고 있는 포르투갈의 사절에 관한 정보에 네덜란드와 포르투갈이 휴전했다는 정보가 겹치게 되면 온갖 종류의 나쁜 억측을 불러일으키게 된다. 그렇다. 그 사절은 네덜란드인의 조언과 동의를 얻어서 일본을 향해 출발했다는 식으로 의심을 받게 될 것이다. (『일본관계해외사료 네덜란드 상관장 일기』 참조)

사절의 내항이 휴전과 연결되어 해석되고 부교나 막부가 네덜란드와 포르투갈의 공모라는 불필요한 의심을 품지 않게 하기 위해 통사들은 휴전했다는 정보를 고의적으로 감추고 있었던 것이다. 놀란 상관장 판 쵬은 휴전 철저의 명령이 네덜란드 본국으로부터 나온 것이라는 사실을 부교에게 알리도록 명하고, 이를 받아서 마침내 통사는 부교에게 보고했다.

2.11 막부의 견책

이듬해 1647년 최초의 네덜란드선이 도착하기 전에 포르투갈 사절은 나가사키에 내항해버렸다. 그리고 이 사절이 일본으로 오는 길에 바타비아에 들려서 보급을 받았다고 증언했다. 이 때문에 막부는 네덜란드인의 포르투갈인 원조의 의혹을 품었고, 1648년 초 상경했던 상관장 프레데릭 코이에트[Frederick Coyett]는 쇼군 배알을 허락받지 못했다. 일본 국내에서 공식적으로 설명한 이유는 포르투갈선이 올해 여름에 일본에 온다는 사실

제 2 장 무역허가조건으로서의 풍설서

을 알고 있었다면 곧바로 보고해야 했을 텐데 그 의무를 태만히 했으므로 괘씸하기 짝이 없는 일이라는 것이었다. 지금까지 무슨 일이 생기든 언제나 네덜란드인을 감싸온 이노우에 마사시게는 네덜란드인을 변호하려고 했다는 이유로 쇼군에게 질책을 받고 7개월간 출사할 수 없었다.

1648년 9월에 새로운 상관장 디르크 스나우크$^{Dirck\ Snouck}$가 나가사키에 도착해 곧바로 변명서를 제출했으나 스나우크는 에도 상경 허가조차 얻을 수 없었다. 네덜란드인이 포르투갈 사절의 일본 도항을 도왔다는 의심의 심문을 위해 이노우에 마사시게와 두 명의 나가사키 부교가 나가사키에 와서 신임과 전임 상관장 코이에트와 스나우크에게 다음과 같은 쇼군의 말을 알렸다. 향후 만일 중국인이나 그 외의 경로로 네덜란드인이 사절을 원조했다는 일이 증명된다면 네덜란드인의 일본 무역을 금지하고 엄벌에 처할 것이다라고.

이노우에와 나가사키 부교는 그러한 최악의 사태를 방지하기 위해 포르투갈인과는 교류하지 않고 특히 가톨릭 교도를 일본에 데려오지 않기 위한 세심한 주의를 기울여야 함을 말하면서 이를 서약하는 서면을 제출하라고 둘에게 권했다. 두 상관장은 그러한 권유에 따라 두 번째 서약서를 제출했다. 그럼에도 불구하고 1649년의 상관장 상경은 끝내 허락되지 않았다. 1648년과 49년에는 그때까지 매년 상경할 때마다 상관장에게 전달되던 '소홀함 없이 정보 제공을 하도록'이라는 명령조차 내려지지 않았다. 네덜란드인이 정보 제공자로서 신뢰받지 못했다는 사실을 엿볼 수 있다.

1649년 9월에 네덜란드 본국에서 왔다고 했지만 실은 바타비아에서 꾸려진 사절이 도착했다. 이는 브레스컨스Breskens 호 사건6)에 대해 쇼군이 관대하게 조치하자 그 답례 명목으로 보낸 사절이었다. 이것이 쇼군 이에미쓰의 분노를 푸는데 효과가 있었다고 생각된다.

1650년 초에는 포르투갈 사절을 원조했다는 문제도 일단 해결되었다고 여겨져 상관장의 상경이 허락되었다. 이노우에와 나가사키 부교는 상경한 상관장에게, 몇몇 중국인이 그건은 포르투갈 사절이 말했던 대로라고 증언했음에도 불구하고 쇼군은 만족스러운 증인이 없기 때문에 진실을 확인할 수 없다고 판단해, 포르투갈 사절의 언명이 진실이건 아니건 간에 네덜란드인을 신뢰하고 용서하며 자유롭게 무역을 하도록 허락하셨다고 전했다.

그러나 1650년과 51년의 상경에서 상관장은 배알의 허가를 얻을 때까지 에도에서 몇 개월이나 기다리지 않으면 안 되었다. 쇼군 이에미쓰의 병이 주요 원인이었지만 상관장은 오해가 풀리고 일본-네덜란드 관계가 완전하게 회복되었다고는 인식하지 않았다. 상관장이 그렇게 인식하는 것은 1651년에 이에미쓰가 세상을 떠나고 이에쓰나家綱가 새로운 쇼군이 되고

---

6) [원주] 1644년에 무쓰노쿠니(陸奧國) 난부(南部)령 야마다(山田)해변에 들어온 네덜란드선의 선원이 난부번에 잡혀 에도에 호송되었고 결국 네덜란드 상관장에게 인도된 사건.

나서의 일이었다.

제 3 장

풍설서의 관례화

그림 1 「데지마」(19세기 중반, 로테르담 해사박물관)

제3장 풍설서의 관례화

3.1 동아시아 동란의 최종 국면

이 장에서 취급할 1660년부터 70년대 일본은 4대 쇼군 도쿠가와 이에쓰나의 치세였다. 이에쓰나는 1651년 세는 나이로 11살에 쇼군이 되어 막부 정치는 일시적으로 불안정해졌다. 그렇지만 이에미쓰 이래의 로주들이 집단 지도체제로 지탱했다. 그 덕분에 에도 막부는 쇼군의 연령이나 자질에 좌우되지 않는 정권이 되어가고 있었다. 1659년에 이에쓰나가 원복元服을 치뤘다. 이를 전후하여 전 쇼군 이에미쓰 이래의 신하들이 차례대로 은퇴하거나 사망하고 1660년에는 이에쓰나 정권의 독자적인 움직임이 나타나게 되었다. 그 일환으로 종래 오메쓰케를 겸임하여 1인 체제였던 슈몬아라타메야쿠가 1662년에 사쿠지作事부교를 겸임하는 한 사람을 더해 2인 체제가 되었다.[1] 1637년에는 영국선 리턴Rerurn호가 통상을 요구하며 나가사키에 내항했지만 요구는 거절되었다.(리턴호 사건)

네덜란드는 영국·프랑스와의 전쟁으로 점차 쇠퇴해갔다. 제2차(1665-1667), 제3차(1672-1674)의 영란英蘭전쟁에 이어 상속 전쟁[2] 등 계속되는 전쟁으로 경제적 번영을 잃어가고 있었다. 한편 포르투갈과는 1661년에 평화조약을 체결하여 그때까지 아시아에서 점유하던 근거지를 확보했다.

동아시아에서는 오래 계속된 동란의 시대가 최종 단계를

---

1) 오메쓰케와 사쿠지부교는 p.266의 막부 관직 구조를 참조.
2) [원주] 1672년 프랑스의 루이 14세가 네덜란드를 침공. 네덜란드 계승전쟁, 네덜란드 침략전쟁이라고도 부른다.

맞이하고 있었다. 1661년 네덜란드 동인도회사는 정성공에게 근거지인 타이완을 빼앗겨 일본 무역을 위한 중국산 생사를 손에 넣을 수 없게 되었다. 정성공은 이듬해 사망했지만 그 자손은 청조에 항복할 때까지 20년 정도 타이완을 지배했다. 네덜란드 동인도회사는 타이완을 빼앗긴 보복으로 일본에 도항하는 정씨의 배를 빈번하게 공격했고 정씨 측도 네덜란드선 습격을 반복했다. 나가사키 부교쇼는 이 싸움의 조정을 양쪽으로부터 요청받았기 때문에 막부는 네덜란드인에게 중국선 공격을 금지한다는 명령을 내렸다. 청조는 복속하려 하지 않는 정씨의 움직임을 막기 위해서 1662년 천해령遷海令을 포고해 연안부의 주민을 모두 내륙으로 강제 이주시켰다.

3.2 사라져 버린 정보

1665년 에도의 지정 숙소인 나가사키야長崎屋[3])에 체재하고 있던 상관장 앞으로 슈몬아라타메야쿠 호조 우지나가北條氏長와 야스다 무네유키保田宗雪의 사절이 방문해 왔다. 당시 모습을 상관장 야코프 흐뤼이스Jacob Grujis 는 다음과 같이 기록했다.

> 정오가 넘어서 통사인 시노세 나으리가 슈몬아라타메야쿠의 명령으로 유럽에서는 전쟁을 하고 있는건지 아닌지, 모두 평온한가, 또 네덜란드 동인도회사의 상황은 어떠한가에 관해 물어보러 왔다.

---

3) 현재 무로마치(室町) 욘초메(四丁目), JR신니혼바시(新日本橋) 역 부근.

제3장 풍설서의 관례화

우리는 그에게 아래와 같이 답했다. 포르투갈 부왕의 사자가 고아에서 바타비아로 와서, 최근 네덜란드 동인도회사에 점령된 코친^{Cochin}과 칸나노르^{Cannanore}라는 포르투갈인의 여러 도시[현재 인도에 있다]를 넘겨줄 것을 요구했다. 이에 대해 총독은 웃으면서 "우리는 무력으로 그것을 손에 넣었으니 만일 되돌려 받고 싶다면 같은 방법으로 해보면 되겠군"이라 답하고 사자를 돌려보냈다고도 말했다.

시노세 나으리는 이 마지막 부분을 아주 마음에 들어했다. 지금까지 이 일에 대해 전혀 몰랐기 때문이다. 나는 대단히 놀라며, 그 일은 작년에 배가 도착했을 때 이미 나가사키 부교인 구로카와 요헤에黑川與兵衛[마사나오正直] 님에게 알려드렸다고 말했다.

호조 아와노카미安房守 우지나가는 이노우에 마사시게의 뒤를 이은 막부의 슈몬아라타메야쿠였다. 호조는 포르투갈어를 할 줄 아는 일본인 통역자를 이노우에로부터 인계하여 개인적으로 데리고 있었다. 그의 본명은 알 수 없지만, 네덜란드인은 '시노세[혹은 신짱?]'이라고 부르고 있었다. 네덜란드인은 그에게 상당한 애착과 경의를 갖고 있던 것으로 보인다. 이는 그의 포르투갈어가 뛰어났기 때문일 것이며 슈몬아라타메야쿠의 심복이라고 여겨졌기 때문일 것이다.

시노세는 상관장에게 갖가지 질문을 했고 답변의 과정에서 상관장은 놀랄 만한 일을 눈치채게 되었다. 고아에서 온 사자가 바타비아에 와서 영토의 반환을 요구하고 네덜란드 동인도 총독이 이를 거부했다는 이야기를 시노세가 몰랐기 때문이다.

3.2 사라져 버린 정보

그림 2 가쓰시카 호쿠사이 «에혼 아즈마아소비(畫本東都遊)» 「나가사키야(長崎屋)」 (1802년, 담배와 소금 박물관)

흐뤼이스는 이전 해에 네덜란드선이 입항했을 때 곧바로 나가사키 부교에게 틀림없이 전했다고 주장했다. 나가사키 부교에게 전한 정보는 물론 에도의 막부에 보고되어 당연히 호조는 알고 있고, 호조의 명령으로 정보를 들으러 온 시노세도 분명히 알고 있을 것이라고 흐뤼이스는 믿었던 것이다.

포르투갈인이 일본에서의 기독교 포교를 계획하고 있지는 않은지 막부는 여전히 경계하고 있었다. 그렇기 때문에 슈몬아라타메야쿠는 포르투갈의 움직임에 책임과 관심을 갖고 있을 터였다. 그런데 이 정보는 나가사키의 통사로부터 에도의 슈몬

제 3 장 풍설서의 관례화

아라타메야쿠에게 가는 과정 어딘가에서 사라져버린 것이다. 시노세가 호조 우지나가로부터 모든 정보를 듣고 있었다는 증거는 없으므로 슈몬아라타메야쿠에서 시노세 사이에 사라졌을 가능성도 없다고 할 수는 없다. 그렇지만 호조의 심복으로서 이후 '어법령御法令'의 운용을 맡을 정도로 신뢰받았던 시노세가 몰랐다고 하는 것은 부자연스럽다. 정보는 나가사키의 통사에서 조작되었을 공산이 크다. 나가사키의 통사는 포르투갈인 사자가 총독과 이야기했다는 것만으로 막부가 포르투갈인과 네덜란드인의 동맹을 의심할 수 있다고 걱정하는 경향이 있었기 때문이다.

그러므로 네덜란드인이 언제 무엇을 말했는가라는 증거로서 나중에 제시할 수 있는 문서가 네덜란드인 측에도 막부 측에도 있었다고는 생각할 수 없다. 1664년의 풍설서의 내용은 구두로 전해졌기 때문에 사라져버린 것이다. 그리고 이때부터 그런 식으로 정보가 사라져버리지 않게끔 하기 위한 방법이 모색된 것은 아닐까. 즉 나가사키에서 에도로 정식 서면을 보낸다는 것이다.

3.3 일본어문 문서의 작성 명령

1666년 5월에는 '어법령'에 다음과 같은 말이 추가되었다.

> 네덜란드가 왕래하는 나라들 중에 남만인南蠻人과 만나게 되는 나라[지역]가 있다고 하니, 더욱 남만인과 통해서는 안 된다. 만일 만나게 되는 나라[지역]가 있다면, 그

나라나 장소의 이름을 구체적으로 적어서, 매해 도착하는 카피탄은 나가사키 부교에게 제출해야 한다. (『통행일람通行一覽』)

네덜란드인이 무역을 하는 땅에서 포르투갈인이나 스페인과의 통교를 금지한다, 만일 그들과 만나게 되면 그 지역의 이름을 서면으로 보고하라는 내용이다. 특히 '적어서'라고 처음으로 서면에 의한 정보 제공을 의미하는 문구가 등장한다는 것이 주목할 만하다. 에도에서 가능한 한 정확하게 그리고 네덜란드인의 책임을 명확하게 하는 형태로 제공된 정보를 파악하고자 하는 의도가 느껴진다. 애초에 정보 제공 의무는 일본에 대해 직접 무엇인가가 기도된 경우만을 대상으로 했었다. 그에 비해 이 추가 부분은 포르투갈인들의 소재 정보를 전반적으로 제공하게끔 만들고자 한 것으로 보고의 대상 범위를 넓힌 것이라고 말할 수 있다.

1666년 흐뤼이스의 후임 빌럼 폴허르Willem Volger가 상경했을 때에도 통사 시노셰는 오메쓰케 겸 슈몬아라타메야쿠인 호조 우지나가의 심부름꾼으로 상관장을 방문했다.

호조님에 의해 시노셰 나오리가 우리들의 숙소에 파견되어 왔다. 우리들한테 들은 일을 서면으로 작성해 호조님의 저택에 가져가기 위한 것이다. 네덜란드인은 동인도의 어느 지역에서 포르투갈인과 거래상의 교제가 있는지를 묻기 위해 온 것이다.

이 이상하면서 대단히 치졸하다고도 할 수 있는 질문에

제 3 장 풍설서의 관례화

> 대해, 우리는 포르투갈인과의 교제가 있지는 않지만 상인으로서 교섭이 있는 것은 이하의 지역에서라고 나는 대답했다.
>
> 즉, 통킹과 샴…, 마카오…, 수라트와 뱅갈…, 솔로르와 마카사르….
>
> 시노세 나으리는 이를 그대로 서면으로 옮겼기 때문에 구두로 그의 주인[호조 우지나가]에게 설명해야 할 사항을 제대로 이해하고 돌아갔다. 다시 말해 네덜란드인과 포르투갈인은 몇몇 지점에서 교역 상의 접촉이 있는 것처럼 보일지도 모르겠지만 둘은 관계가 없고 서로가 상대를 파멸시키고자 노력하고 있는 것처럼 보인다는 것이다.

상관장 일기를 보면 다음 날 폴허르가 등성^{登城}했을 때에 전해진 쇼군의 명령에는, 앞서 언급한 '어법령'의 신규 추가부분에 상당하는 서면에 의한 정보 제공을 의무화한다는 말은 포함되어 있지 않다. 통사가 통역을 해서 전달은 했지만 네덜란드인은 중요시하지 않고 상관장 일기에 적지 않은 것이 아닐까. 이 서면은 통사가 일본어문으로 써야하는 것으로 네덜란드인이 하는 일에는 실질적인 변화가 거의 없었기 때문이다. 즉 이 해에 '어법령'의 추가 부분을 지시했다기보다는 시노세에 의한 실제 청취라는 형태로 실행되었음을 알 수 있다.

네덜란드인이 어떻게 생각했든 막부의 명령은 통사나 나가사키 부교가 엄수해야 하는 것이다. 그 해 7월 여름의 계절풍을 타고 처음으로 네덜란드선이 나가사키에 도착했을 때 통사들은 청취한 해외 정보를 「바타비아를 출발해 올해 맨 처음으로 나가사키에 내항한 네덜란드선의 승선원으로부터의 구상서」라는 표제의 일본어문 풍설서로 만들었다. 내용은 코친의 상황이나 제2차 영란전쟁에서의 전투 상황 등이었다. 이는 나가사키 부교의 손으로 에도 막부에게 보내졌다.

3.4 '유럽과 동인도'의 정보

그 후 1667년과 68년에 '어법령'의 내용은 점점 더 상세하게 상관장 일기에 기록되어 갔다.

4년 후인 1670년의 에도 상경에서 상관장은 에도성에서 내려온 분부의 내용을 다음과 같이 기록했다.

> 네덜란드인은 포르투갈인과 함께 교역중인 토지에서 포르투갈인과 교류를 해선 안 되며 그들과 동맹을 맺어서는 안 된다. 만일 쇼군이 다른 데서 먼저 그런 말을 듣게 되면 네덜란드인은 엄벌에 처해진다. 유럽과 동인도 및 네덜란드인이 포르투갈인과 함께 무역이 허락된 장소에서 얻는 온갖 새로운 소식은 상관장이 매해 숨김 없이 전달하지 않으면 안 된다. 설령 바보 같아서 웃어야 할 얘기가 섞여있다고 하더라도.

이 해에는 구체적으로 '유럽과 동인도'라는 지명을 거론하며 보고해야 하는 정보의 범위가 넓혀졌다. 직접적으로는 일본에 관련이 없는 일반적인 시사정보까지도 막부가 요구하기 시작했다. 그렇다고는 하지만 어디까지나 가톨릭 교도나 스페인·포르투갈 양국의 동정을 알고 또한 네덜란드인이 가톨릭과 동맹해 있지 않다는 사실을 확인하기 위함이 목적이었다. 동시에 풍설서의 의도와 내용이 '들어가는 말'에서 소개했던 메일란이 말한 것처럼 '일반적인 정보'로 이행해 가는 과정을 나타낸다고도 할 수 있을 것이다.

3.5 프랑스 동인도회사 설립과 카롱

그렇다면 1666년의 조항 추가 후의 구체적인 예로 프랑스 동인도회사 설립과 그 사절로 프랑수아 카롱^{François Caron}이 일본에 내항한다는 정보에 관해 주고받은 내용을 보도록 하자.

프랑스에서는 1661년에 루이 14세의 친정이 시작되고 그 밑에서 장바티스트 콜베르^{Jean-Baptispte Colbert}가 적극적인 대외정책을 내세웠다. 그 일환으로 1664년 프랑스 동인도회사가 재건되어 1668년에는 최초의 상관이 인도 북서부의 항구도시인 수라트^{Surat}에 만들어졌다.

프랑수아 카롱은 1639년부터 1641년까지 네덜란드 동인도회사의 히라도 상관장을 지냈던 인물이다. 일본어에 능통하고 히라도 주민인 에구치 주자에몬^{江口十左衛門}의 누이를 아내로 맞아들였다. 그는 그 후 바타비아에서 승진했지만 1650년 모함을 받아 해임되고 이듬해 유럽으로 돌아갔다. 1665년 프랑스 동인도회사에 상급직원으로 초빙되어 다음 해에 프랑스를 떠났다. 1667년 3월 마다가스카르섬에 도착해 그 후 수라트에서 근무

● 3.5 프랑스 동인도회사 설립과 카롱

했다. 프랑스 동인도회사의 사절로 일본에 가고자 계획했던 것 같지만 동행한 프랑스인과의 의견 대립도 있어서 실현되지 않았다.

카롱이 새로운 프랑스 동인도 회사의 일본 무역 허가를 받기위해 함대를 이끌고 이미 희망봉을 지났다는 정보를 일본 상관원이 언제 알았는지는 모른다. 희망봉은 네덜란드 동인도 회사가 장악하고 있었기 때문에 프랑스의 함대는 이곳을 통과해서 마다가스카르 섬으로 향했던 것으로 보인다. 희망봉의 회사 직원이 어떻게 함대의 통과를 확인하고 카롱의 승선 사실을 알았는지는 파악하기 어려운 문제다. 이 시대에는 모든 해외정보, 특히 적에 관한 정보는 소문의 측면을 갖는다고 생각하고 아래 내용을 읽어주길 바란다.

어쨌든 1667년 여름에 작성된 다섯 통의 풍설서 중에 프랑스 회사에 관한 기사는 들어있지 않았다.

1667년 11월 상관장 다니엘 식스$^{Daniel\ Six}$와 새로운 상관장 콘스탄틴 란스트$^{Constantin\ Ranst\ de\ Jonge}$가 상관장 교대의 인사를 하기 위해 나가사키 부교의 집으로 갔다. 이때 부교는 유럽인이 일본에 온다는 정보를 듣게 되면 지체하지 말고 전달해야 한다고 권고했다. 란스트는 다음과 같이 적고 있다.

> 통상적인 예에 반해 이 점은 두 번 세 번이나 반복되어 더할 나위 없이 심각하게 우리에게 권고되었다. 나라 밖에 있는 일본인 누군가로부터 일본에서 통상을 하려는 프랑스인의 계획에 관해 부교는 뭔가 알림을 받은 것

제3장 풍설서의 관례화

같다. 아니면 일본인 주위에 있던 입이 가벼운 어떤 네덜란드인으로부터 새어나간 것인지도 모른다.

특정 명령을 부교가 몇 번이나 반복했다는 사실에 불안을 느끼며 지금까지 감춰왔던 프랑스인의 대일통상계획을 부교가 알고 있는 것은 아닌가 추측하고 있다. 정보가 샜을 가능성의 경로로 해외에 있는 일본인과 네덜란드 상관의 누군가를 상정하고 있다는 점이 흥미롭다. '쇄국' 정책에 의해 동남아시아의 일본인 거리日本人町에 남겨진 일본인으로부터 1650-60년대에 일본에 송부된 서한을 여럿 확인할 수 있다.[4] 당선이 가지고 온 일본인 서한은 부교쇼에서 내용을 고친 후에 수신자 앞으로 배달해줬던 듯하다. 상세한 부분은 불분명하지만 네덜란드인에게 정확한 정보를 제공하게 만들기 위한 강제력(즉 다른 정보원)의 하나로 주목해두길 바란다. 네덜란드선이 해외에 있는 일본인의 서한을 나르는 일은 이미 1640년대에 규제했고 네덜란드인은 이를 자숙하고 있었다. 한편 상관장이 모르는 곳에서 상관원 중 누군가가 일본인에게 얘기하는 일은 네덜란드인의 나가사키 생활이 길어졌기 때문에 충분히 가능성이 있었다.

---

4) 일본인 거리란, 17세기 초에 동남 아시아 각자에 만들어진 일본인 이주자들의 집단 거주지를 가리킨다. 도쿠가 이에야스 시대에 대외무역이 장려되면서 주인선(朱印船) 무역이 전개되었고, 1604년부터 1635년까지 약 30년간 350-60척의 배가 왕래했다. 태국, 필리핀, 베트남, 캄보디아 등 각지에 분포했던 일본인 거리 7군데에 거주한 일본인은 도합 5천 명 이상이었다고 일컬어진다. 주인선 무역이 금지된 이후 귀국이 어려워지자 이들 일본인의 대다수는 현지 사회에 흡수되어 갔다.

3.5 프랑스 동인도회사 설립과 카롱

더욱이 전 상관장인 식스가 일본을 떠난 후 란스트는 식스 재임 중이었을 때부터 나가사키에서 근무하고 있던 상관원 중 한 사람으로부터 놀랄 만한 사실을 들었다. 그는 '카롱의 조카'라고 알려져 있던 히라도 거주중인 일본인으로부터 카롱에 관한 소문의 진위를 질문 받았다고 한다. 내용은 카롱이 프랑스 선단船團의 장으로서 동인도에 이미 와있다는 것이었다.

란스트의 심중을 살펴보자. 카롱이 내항하려 하고 있다는 사실을 일본인으로부터 들은 이상 나가사키 부교도 모든 것을 들었음이 틀림없다. 그렇기 때문에 저렇게 집요하게 정보 제공을 요구했던 것이다. 네덜란드인을 문책하지 않고 해결하기 위해 자발적으로 말이 나오길 기다려주고 있다고 생각하는 것은 순진한 일이다. 히라도의 일본인에게 들은 정보의 진위 확인을 위해 네덜란드인이 뭐라고 하는지 듣고자 함이다. 더군다나 문제의 히라도의 일본인은 카롱의 조카다. 일본인 입장에서는 신빙성이 높을 것이다.

란스트는 다음과 같은 결론에 도달했다.

> 현재 상황은 위기다. 프랑스의 선단이 나가사키에 도착하는 약 한 달 전이 되어서야 처음으로 프랑스의 신회사 설립을 알린다면 긴 시간동안 침묵했던 일을 일본인은 매우 나쁘게 해석하여 네덜란드 동인도회사는 최악으로 쇼군의 노여움을 사게 될 가능성이 크다. 일본으로 오는 일이 금지될 수 있다.

3.6 풍설서를 네덜란드어로 번역하다

상관장 란스트는 가능한 한 적절한 방법으로 당장이라도 프랑스 회사의 설립을 나가사키 부교에게 고하자, 그것이 회사를 위해 긴요하다라고 판단했다. 그래서 란스트는 우선 확인을 위해 통사를 불러 같은 해 여름에 전임자 식스가 제공한 정보의 내용을 구체적으로 알아보고자 했다.

> 통사를 불러 지난 여름에 네덜란드인으로부터 나가사키 부교에게 전달된 최신 정보를, 우리들을 위해 일본어에서 네덜란드어로 번역하라고 명령했다. 우리가 그것으로 만족할 수 있는지, 아니면 뭔가 덧붙여야 하는 일이 있는지가 분명해질지도 모르기 때문이다.

여기서 주목할 점은 제공한 정보에 대해 나중에 참조할 수 있게끔 되어 있는 네덜란드어 문서가 존재하지 않았다는 사실이다. 전임 상관장이 말했던 일을 알기 위해서는 통사가 가진 풍설서의 초안에 의존하지 않으면 안 되었다. 여기서도 풍설서의 네덜란드어 원본은 존재하지 않았다는 사실을 확인할 수 있다. 한편 1667년의 일본어문 풍설서는 더 이상 단순한 통사의 번역 작업용 초고가 아니라 제공한 정보를 증명할 수 있는 정식 문서였음을 알 수 있다. 1664년까지는 전달했다고 여긴 정보가 사라져버릴 수 있는 상황이었음을 고려한다면 그 후 1665년에서 67년까지 사이에 풍설서의 작성이 시작되었다고 생각해야 할 것이다. 그렇다고 한다면 서면 제출을 명한 1666

● 3.6 풍설서를 네덜란드어로 번역하다

년의 '어법령'을 받아서 같은 해에 일본어문 풍설서가 만들어지게 되었다고 단정해도 좋지 않을까.

그런데 뭔가 지장이 있었는지 통사들의 번역 제출에는 몹시 시간이 걸렸다. 그래서 란스트는 번역이 완성되기를 기다리지 않고 이 건을 알리는 편이 현명하다고 판단했다. 나가사키 부교인 고노 미치사다河野通定가 에도로 향하기 전에 알리는 편이 좋기 때문이다. 그래서 통사를 불러 모아 프랑스의 회사설립과 카롱이 그 사절로 내항한다는 사실을 부교에게 전달하도록 분부했다. 그 후의 문답은 아래와 같다.

> 통사는 놀라서 안 된다고 말했다. 그래서 그들에게 더 질문을 했다. "이를 전혀 불필요한 일이라고 판단하는가. 이 사실을 침묵한다면 만일 내년에 프랑스 회사의 배가 나가사키에 나타날 경우 네덜란드 동인도회사는 궁지에 몰리지 않겠는가"라고. 통사는 "그것은 전적으로 확실하며 네덜란드인은 아마도 일본에서 추방될 것이다. 그러나 네덜란드선이 나가사키에 있는 동안 이 정보를 제공하지 않았으면서 이제 와서 그것을 부교에게 알리는 일에는 반대한다"라고 말했다.

이 경우 상관장 측이 정보를 숨겼던 것이기 때문에 통사에게 책임은 있을 리 없다. 그러나 고의건 과실이건 본래 배의 도착 후 바로 전해두어야 할 중요한 정보를 전달하지 않았다며 부교가 나무랄 일을 통사들은 걱정해 반대했던 것이다.

제 3 장 풍설서의 관례화

3.7 프랑스 사절 내항 정보

상관장은 통사에게 다 같이 잘 의논해보라고 권했다. 통사들은 이 정보 제공에 마음이 내키지 않았지만 "회사를 위해서 또한 쇼군의 금령을 지키기 위해서 새로운 프랑스 왕립 회사의 설립을 부교에게 서면으로 제출하는 일이 긴요하다라는 점에서 합의했다". 일본어문 풍설서의 성립 후에도 여전히 제공하는 정보의 내용에 관해 통사에 의한 조작이 있을 수 있음을 보여주는 좋은 예이다. 프랑스의 회사 설립과 사절 내항의 건은 일본어로 적었고 상관장이 서명한 뒤 통사가 그것을 부교들에게 가지고 갔다.

통사는 투덜거리면서 시기를 놓쳤음에도 그 해 여섯 번째 풍설서를 작성한 것이다. 이것이 상관장의 풍설서 상 서명을 확인할 수 있는 최초의 예다. 이 풍설서에는 프랑스의 새 회사 설립과 카롱이 일본으로 오는 사절에 임명되었다는 사실만이 쓰였다. 함대가 이미 희망봉을 지났다는 사실은 주의 깊게 비밀로 부쳐지고 모든 것이 단순한 소문이라고 강조되었다. 유럽에서 일본으로의 여로가 길다는 사실은 막부도 알고 있다, 이미 희망봉을 지났다면 1년도 전에 회사가 설립되었을 텐데 왜 작년에 보고하지 않았는가라는 규탄을 피하기 위한 것이다. 11월 28일이 되어서야 통사가 이 문서를 제출했을 때 부교는 왜 배가 있는 동안에 이 정보를 전하지 않았는가라고 지적했지만 통사가 한결같이 엎드려 있으니 그 이상은 추궁하지 않았다. 그리고 이번에는 란스트가 메모로 네덜란드어문을 작성해 수

중에 두었다.

이 프랑스 사절에 관한 정보 제공은 시기상 배의 도착으로부터 매우 떨어진 시점인데다 부교의 요청에 의해 이루어진 것이었다. 하지만 부교가 그 해의 네덜란드선 내항에 관한 일을 막부에게 보고하기 전에 제출되었다는 사실로 인해 간신히 '통상' 풍설서의 체제를 유지하고 있었다. 그때까지 '구서口書'라고 불렀던 문서에 '풍설서'라는 표제가 붙게 된 것은 이때부터였다. 단순한 소문에 지나지 않는다고 주장하고 싶었던 것이리라.

이듬해인 1668년 란스트 상경중에 시노셰가 숙사에 찾아왔다. 그리고 프랑스 왕의 종교宗旨나 배우자 등에 관해 이것저것 물어봤다. 란스트는 프랑스왕은 가톨릭 교도이며 스페인 왕의 딸과 결혼했다고 빠짐없이 대답했다. 마지막으로 시노셰는 다음과 같이 말했다.

> 프랑스의 대일 계획에 관한 확실한 보고가 네덜란드인으로부터 나가사키 부교에게 전해지기 전에 만일 프랑스의 선단이 일본에 나타난다면, 쇼군의 주변 사람들 사이에서는 네덜란드 동인도회사에게 중대한 불이익이 되게끔 해석될 것이다.

여기서 시노셰는 호조의 대리로서 '확실한' 정보를 구하고 있다. 아마도 호조는 카롱이 이끄는 함대가 이미 동인도에 와 있다고 상관장이 얘기하게 만들고 싶었던 것이다. 사절로 임명된 것 뿐 이라면 일본 내항은 언제 실현될지 알 수 없다.

어쩌면 실현되지 않을 지도 모른다. 그러나 이미 희망봉을 지났다면 일본에 오는 것은 확실할 것이다. 그런 의미에서 '확실'을 원했던 것이다. 히라도 상인의 정보에 있었고 여섯 번째의 풍설서에는 결여되어 있던 내용을 끄집어 내고자 한 것이다.

이에 대해 란스트는 '확실한' 정보의 제공은 불가능하지만 바타비아에서 더 자세한 정보가 도착할지도 모른다, 일반적으로 유럽에서 동인도로의 여로는 길기 때문에 1년 정도 도착이 어긋나는 일도 충분히 있을 수 있다고 대답했다. 시노세의 유도심문을 딱 잘라버린 것이다. 왜 더 빨리 이 이야기를 하지 않았냐고 문책을 당하지 않기 위해 필사적이었으리라. 란스트의 뇌리에는 제2장에서 소개한 포르투갈선 사절 내항사건이 떠올랐을 것이다. 정보 제공을 게을리 했다고 여겨지면 이번에야말로 무역은 금지당해 버린다. 무엇을 어디까지 어떻게 말할 것인가. 위태로운 선택이었다.

1668년 7월 네덜란드선이 도착하자 상관장은 바로 통사에게 배가 가져온 정보를 전했다. 프랑스 회사의 선단과 함께 카롱이 일본에 오는 일은 없을 것이다, 해당 회사의 계획은 잘 안 풀렸고 가까운 시일 내에 무너질 것이라고. 이 소식에 의해 프랑스 회사 및 사절 내항의 건은 실현 가능성이 낮은 것이 되었다.

3.8 리턴호 사건

네덜란드 풍설서는 실제로 막부의 정책에 영향을 끼쳤던 것일까. 끼쳤다는 사실이 확인 가능한 예로는 리턴호 사건이 있다.

1673년 일본과의 통상 재개를 바라며 영국 동인도회사는 나가사키에 리턴호를 파견해왔다. 히라도에 있던 상관을 1623년에 철수한 이래의 일이었다. 막부는 요구를 거부하는데, 그 이유는 영국 왕가와 포르투갈 왕가의 인척관계였다. 이 혼인관계를 사전에 네덜란드인으로부터 들었던 것이다.

이 건에 관한 네덜란드인의 정보활동을 보도록 하자. 청교도 혁명 후의 왕정복고로 왕위를 이은 찰스 2세에 관해 네덜란드인은 1662년에 다음과 같이 말했다. 그 내용은 이 해의 풍설서에 들어있다.

> 현재 영국 왕(찰스2세)은 포르투갈 왕의 여동생(포르투갈의 왕녀 브라간사의 카타리나)과 결혼하려 하고 있으며 그는 결혼 지참금으로 고아와 마카오를 선물 받는다.
> (나가즈미 요코, 「17세기 후반의 정보와 통사」 참조)

실제로 카타리나의 지참금은 인도의 봄베이(현 뭄바이)다. 고아와 마카오로는 영국선이 입항하는 것이 인정되었을 뿐이므로 실제 2년 후에 마카오에 입항했던 영국선은 거래조차 허용되지 않았다. "풍설서는 영국과 포르투갈 왕실의 결혼을 발빠르게 알리면서 동시에", "고아·마카오 등 일본인에게 공포

제3장 풍설서의 관례화

를 줄 말을 늘어놓고 교묘하게 정보를 조작하고 있었다"라고 나가즈미 요코永積洋子는 설명한다.

1664년에도 슈몬아라타메야쿠인 호조 우지나가가 영국 왕실과 포르투갈 왕실의 인척관계에 관해 상관장 폴허르에게 자세하게 질문하고 있다.

드디어 리턴호가 나가사키에 입항했을 때 통사는 선장인 사이몬 델보에게 내항의 목적에 관해 물은 다음 영국의 왕과 포르투갈의 왕녀는 결혼한 지 몇 년이 되었는지 물었다. 결혼했냐고 질문하면 결혼하지 않았다며 거짓말을 할 지도 모른다고 나가사키 부교는 생각했을 것이다. 결혼했다는 사실을 전제로 한 질문을 준비한 것이다. 델보는 "우리의 왕은 결혼한 지 11년이 된다"(나가즈미 번역)라고 대답해, 여기에 1662년의 네덜란드 풍설서가 옳았음이 증명되었다.

리턴호 내항 전에 막부는 거절의 방침을 확실하게 굳힌 상태라고는 할 수 없었지만 영국인이 오랜 기간 일본에 내항하지 않았다는 점, 영국 왕실과 포르투갈 왕실의 인척관계를 이유로 통상 요구를 정식으로 거절했다.

또한 이 리턴호 사건은 가톨릭 국가의 배가 아니더라도 신규로 무역을 요구해 오는 유럽 배는 거절한다는 선례가 되었다는 점에서 중요하다. 막부의 '쇄국' 정책은 이후 18세기 말에 러시아선이 내항할 때까지 흔들리지 않았다. 결국 네덜란드 동인도회사가 노렸던 대로 풍설서를 무기로 하여 유럽인 안에서의 일본 무역 독점을 성공시킨 것이다.

그러나 이러한 사례가 다수 발견되는가 하면 그렇지 않다. 막부의 정책 결정 과정이나 이유가 분명한 경우는 거의 없기 때문이다.

3.9 네덜란드 측의 사정

지금부터는 '통상' 풍설서에 17세기부터 세계 정보가 포함되어 있던 배경을 생각해보고자 한다. 왜 아시아 동쪽 끝 일본에 있는 상관장이 브라질에서 일어난 일을 1년 후에는 얘기할 수가 있었던 것인가.

네덜란드 동인도회사는 네덜란드에서 도버해협을 거쳐 대서양으로 나왔다. 섬들에 붙어가면서 남하하여 희망봉에서 마지막 보급을 한다. 그로부터 인도양의 남쪽을 가로질러 마지막에는 순다 해협을 북상하여 자바섬 북쪽 연안의 바타비아에 다다른다(귀로는 인도양의 북변을 도는 항로를 선택). 17세기에는 바타비아에서 일본까지 사이에 타이완이나 샴 등에 기항하는 일이 많았다.

제1장에서 기술했다시피 1640년 이후에도 네덜란드인은 결코 독점적으로 해외 정보를 제공하고 있지는 않았다. 당시 막부는 유럽인의 동향에 관해 밀항해 오는 선교사나 리턴호의 선장으로부터 알아낸 사실과 네덜란드 풍설서를 항상 비교 검토하고 있었다. 하지만 네덜란드 풍설서는 유럽 전역 및 아프리

카·아메리카 양 대륙도 시야에 넣고 있었고 또 정기적이었다. 이 점에서 다른 개별적인 조사를 압도하고 있었다고 평가할 수 있다.

여기서는 이 문제를 네덜란드 동인도회사의 시사정보 발신망과 그 역할이라는 시점에서 논해보고자 한다. 17·18세기에 일본에 있던 네덜란드인은 이윤추구를 유일하고 절대적인 목적으로 하는 동인도회사의 직원이었다. 일부러 쇼군만을 위해 회사가 전 세계의 시사정보를 모으는 비용을 지불했으리라고 생각할 수 없다. 회사에는 회사 나름의 사정이 있었을 터이다.

3.10 정보 집산지로서의 네덜란드 공화국

17세기 네덜란드 공화국에서 정보의 유통이 대단히 활발했고 이것이 네덜란드 풍설서의 배경이라는 사실은 사토 히로유키佐藤弘幸가 이미 시사한 바 있다. 또한 영국의 역사학자 피터 버크Peter Burke는 17세기 네덜란드의 정보 환경을 매우 높이 평가하고 있다. 버크의 저서 『지식의 사회사』[5]에 의하면 네덜란드 공화국은 도시의 대상인층이 지배 권력을 쥐고 있었기 때문에 자유롭게 정보가 유통되고 있었다. 인쇄물뿐만 아니라 대화나 손으로 쓴 문서를 통해서 정보가 왕성하게 오가고 있었다. 17세기가 되자 네덜란드 공화국은 유럽 정보 유통의 주요 발신지이자 소비지가 되었다. 17세기의 네덜란드에서 뉴스는 이미

---

5) *A Social History of Knowledge*(2000), 한국어판 박광식 역, 민음사, 2017.

3.10 정보 집산지로서의 네덜란드 공화국

상품으로 간주되고 있었던 것이다.

유럽 최초의 필사 신문은 이탈리아의 베네치아에서 탄생했고 인쇄된 신문은 1609년에 독일에서 나왔다. 네덜란드 최초의 정기 간행된 인쇄 신문이 나온 것은 1618년이다. 형식면에서는 1609년의 독일 신문보다 훨씬 현재의 신문에 가까운 모습이다. 가장 오래된 프랑스어와 영어 신문은 네덜란드에서 간행되었으며 심지어 네덜란드어 신문의 번역판이었다.

네덜란드 최초의 신문은 「독일, 이탈리아 그 외의 발신 신문」과 「각지에서 온 새로운 소식」이라는 제목으로 양쪽 모두 암스테르담에서 간행되었다. 17세기 전반, 신문을 간행하는 업자가 암스테르담에 여럿 나타났다. 한 신문은 주 2회 간행이고 나머지는 주간이었다.

초기 신문에서는 정보의 나열 방식이 거의 동일했다. 우선 이탈리아 다음으로 보헤미아, 남 독일, 스페인, 쾰른, 파리, 영국, 북구로 이어지고 마지막에 네덜란드의 정보가 실렸다.

여기서 주목하고 싶은 것은 네덜란드의 신문이 탄생한 순간부터 거의 유럽 전역의 정보를 게재하고 있다는 사실이다. 무엇보다도 17세기의 네덜란드인은 자신들이 살고 있는 지역을 '독일(의 일부)'로 자신들의 언어를 '독일어'로 표현하고 있었기 때문에 보헤미아나 쾰른은 어느 정도 가깝게 인식되고 있었는지도 모른다. 하지만 알프스 남쪽에 있는 이탈리아는 명백하게 먼 지역이었다.

네덜란드 동인도회사에 관해서도 버크는 "이 시대에 정보의 상업적 가치에 눈떴다고 하는 두드러지는 일례를 회사 … 의 역사에서 볼 수 있다"(『지식의 사회사』)라고 말하고 있다. 회사가 구축한 고도의 정보망이 1610년대에는 확립되어 있었고 17세기에 여기에 필적하는 상대는 없었다고 말하는 연구자도 있다. 또한 회사는 네덜란드나 그 외 국가의 외교관에게 뇌물을 주고 정보를 얻는 일이 가능했다고 한다.

네덜란드의 이런 활발한 정보 유통은 인쇄업의 융성과 관계가 밀접하다. 1645년에는 암스테르담에 적어도 9개의 인쇄소가 있었다. "암스테르담의 인쇄업자는 … 여러 가지 언어로 인쇄하는 일을 특기로 여겼다. 그들은 영어로 된 성서를 여기서 인쇄하여 영국제 성서보다 싼 값에 영국에서 팔았다"(『지식의 사회사』).

하지만 네덜란드가 유럽의 정보 유통의 중심이었던 시대는 오래 가지 않았다. 18세기에는 영국이 정보 산업의 중심이 되었기 때문이다.

3.11 다른 하나의 정보 집산지, 바타비아

네덜란드 동인도회사의 아시아 지역 본거지인 바타비아를 중심으로 한 정보망은 어땠을까. 이 분야의 연구는 적다. 회사가 1640년대에는 유럽이나 아시아 각지의 상관으로부터 모은 시사정보를 분류하고 복사해 다시금 각지의 상관에게 보냈다는

3.11 다른 하나의 정보 집산지, 바타비아

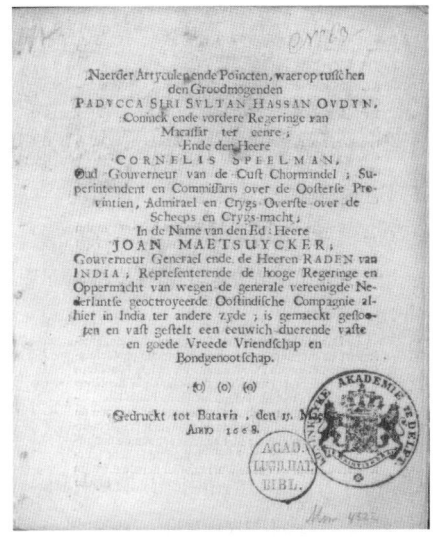

그림 3 마카사르와의 강화조약 (끝부분) (1668년, 라이덴대학 도서관)

사실이 겨우 지적된 정도에 지나지 않는다.

1922년에 바타비아에서 간행된 『옛 바타비아』라는 책을 보자.

> 1668년 3월 총독부는 마카사르^{Makassar}[현 인도네시아 술라웨시 섬에 본거를 둔 왕국]와 얼마전 체결한 강화조약의 내용을 인쇄하게 했다(그림 참조). 이는 현존하는 동인도 최고最古의 인쇄물이다. 매우 정교하게 만들어졌기 때문에 인쇄에 필요한 것은 네덜란드로부터 특별히 들여왔을 것이라고 상상된다. 그렇지만 더욱 흥미로운 것은 이 최초의 인쇄물이 시사정보의 보도이지, 교과서도,

제3장 풍설서의 관례화

교회의 소책자도, 총독부의 포고도 아니라는 사실이다.

마카사르와의 강화조약을 인쇄한 사람은 의심의 여지없이 헨드릭 브란츠$^{Hendrick\ Brantz}$다. 1668년에 그는 회사의 인쇄기와 활자를 손에 넣었다. 같은 해 8월에 브란츠는 바타비아시와 동인도회사의 공인 인쇄업자로서 3년간 유효한 특허장을 획득했다.

이들 인쇄소에서는 의무인 공식 인쇄물이나 교회의 인쇄물 이외에 마카사르 왕국과의 전쟁·수마트라 서해안에서의 승리·강화조약·암본의 지진과 같은 다양한 동인도 및 유럽으로부터의 최신 정보가 인쇄되었다.

1668년에는 마카사르 왕국과의 강화조약이 네덜란드 동인도회사의 공인 인쇄업자에 의해 인쇄되었다는 점에서 각지의 최신 정보가 회사 및 바타비아라는 식민도시의 인쇄물의 중요한 한 분야였다는 사실을 알 수 있다.

다만 한 마디 첨언을 하자면 네덜란드 동인도회사는 비밀주의로 유명하기도 했다. 회사는 직원에게는 정보를 배포했지만 외부로 새게 하는 일은 없었다.

3.12 네덜란드 동인도회사의 정보 배포망

이상과 같이 네덜란드 본국과 바타비아에서의 정보활동에 기반한 여러 시사정보가 동인도회사의 배를 타고 아시아 각지에 배포되었다.

3.12 네덜란드 동인도회사의 정보 배포망

네덜란드 본국에서 바타비아에 신문이 발송되었다는 사실은 17세기부터 확인할 수 있다. 18세기의 사례지만 예를 들면 1774년에 암스테르담 지부는 "동인도에 보내기 위해서" 3개월분 6825부의 신문을 구입했다. 1782년에는 하를렘^{Haarlem} 시에서 간행되었던 헌 신문 27부와 헤이그$^{Den\ Haag}$ 시의 헌 신문 28부를 같은 지부가 구입했다. 네덜란드 본국용으로 헌 신문을 구입할 이유는 없으므로 이것도 바타비아에 보내기 위한 것이었으리라. 굳이 헌 신문을 구입한 것은 경비절약을 위함이라고 생각된다.

참고로 네덜란드 동인도회사는 본사가 없었다. 6개의 지부로부터 선출된 중역 17명으로 구성한 17인회가 회사의 영업방침을 결정했다.

그렇다면 바타비아에서 보내온 신문의 기사나 아시아 각지에서 바타비아로 모인 정보는 어떤 형식으로 아시아 각자의 상관에게 배포되었던 것일까.

배포된 시사정보가 수록된 문서는 네 점밖에 남아있지 않다. 네 점의 표제는 '동인도의 다양한 지방에서 온 최신 정보', '동인도에서 온 최신 정보' 등이다. 각지에서 바타비아에 보내졌던 소식을 나열하려고 한 듯한 것으로 현재의 신문과는 거리가 멀다. 짧은 것이 9쪽이고 긴 것은 44쪽이나 된다. 이들은 1670년대에 집중되어 있으며 모두 일본 상관을 수신인으로 발송된 것이다. 일본 상관은 뛰어나게 문서의 보존상태가 좋았기 때문에 남은 것이라고 생각할 수 있겠지만 그렇다고 치더라도 숫자가 적다. 시사적인 정보가 늘 그렇듯이 읽은 후에 바로 폐기되어버렸던 것이리라.

그렇지만 바타비아에서 각지의 상관으로 보내진 시사정보에 관해 알 수 있는 방법은 그 외에도 있다. 총독부로부터의 서한, 훈령 및 그 밖의 메모를 수록한 『바타비아 발신 서한 기록부』라고 부르는 부책簿冊이다. 이들 부책에는 '동인도에서 온 최신 정보' 자체의 사본은 수록되어 있지 않다. 하지만 '탁송託送 문서 일람'이라는 적하積荷 송장부터 시작해 장부 등 배에 실었던 모든 서류의 일람표가 포함되어 있다. 그러므로 이것을 보면 내용은 알 수 없어도 어떤 형태의 시사정보가 몇 통, 어느 배에 맡겨졌는지, 어디로 보내졌는지를 엿볼 수 있다.

각지의 상관으로부터 바타비아로 서한·상관장 일기의 사본·보고서·장부 류 등이 보내졌었다는 일도 『동인도로부터 도착한 문서집』이라는 부책을 통해 알 수 있다. 회사는 방대한 숫자의 서류나 장부 류를 일상적으로 주고받고 있었다. 시사정보의 배포망은 회사의 정보망과 겹쳐지며 그 일부로서 운용되고 있었던 것이다.

1640년대에는 네덜란드로부터 도착한 신문이 그대로 바타비아에서 각지의 상관으로 전송되는 예도 있었다. 하지만 그 후로는 신문을 직접 보냈던 예를 찾아볼 수 없다. 17세기 중반경에 총독부로부터 배포된 시사정보는 크게 네 가지 유형으로 나누어 생각할 수 있다. 수량적인 변화를 보면 관련된 문서 수 전체가 1660년대에 급증하고 있다. 바타비아에서 인쇄업이

3.12 네덜란드 동인도회사의 정보 배포망

융성했던 것이 원인이 아닐까 생각한다.

① '조국에서 온 최신 정보' 등의 표제가 붙어있으며 본국에서 보내 온 신문 류의 요점 기록이라고 여겨지는 문서.

② '동인도에서 온 최신 정보', '최신 정보 각서' 등의 표제를 가지며 동인도 각지의 상관으로부터 정보를 집성해서 필요한 부분을 적절히 기술한 것.

③ 강화조약의 조문 등 단발적인 중요 정보를 인쇄한 것. 『옛 바타비아』의 인용에서 이미 소개했지만 그밖에도 예가 있다. 우선 1642년부터 1645년에 걸쳐서 포르투갈과의 휴전 협정에 관한 정보가 인쇄되어 배포되었다. 본국에서 맺어진 휴전 협정이 좀처럼 준수되지 않았기 때문에 몇 년에 걸쳐서 보내져 온 것으로 보인다. 또한 1649년에 스페인이 네덜란드 독립을 승인했던 베스트팔렌 조약(1648년)의 문면文面이 배포되었다. 하나의 수신처에 한 통을 보내는 것이 보통이지만, 예를 들어 1674년에는 실론으로 25통을 동시에 보낸 사례가 있다. 실론에 복수의 거점이 있었으므로 각지에 보낼 필요가 있었기 때문일 것이다. 게다가 1688년에는 마카사르와의 몇 번째인지 모를 강화의 조문이 마카사르 상관 앞으로 100부가 동시에 발송되었다는 점이 주의를 끈다. 마카사르 상관에 근무하는 모든 회사 직원 앞으로 배포되었을 것이다. ③은 1640년대부터 볼 수 있는데 본국에서 인쇄물의 형태로 도착한 것일 것이다. 바타비아에서 인쇄를 개시한 것은

제3장 풍설서의 관례화

1660년대였던 것으로 추정된다.
④ 사적인 서신중에서 정보를 발췌해 인쇄한 것. 특히 많이 배포된 것은 프랑스가 동인도로 파견한 함대에 관해 1673년 11월 파리에서 발신한 서한의 기사로 한 군데에 같은 서신이 여러 통 보내졌다. 이런 것은 네덜란드 정부에 의해 인쇄된 포고문의 한 종류라고 생각된다. 같은 일이 동인도에서 일어난 일에도 이루어졌다. 예를 들어 함대 사령관 코르넬리스 판 크발베르헌Cornelis van Quaelbergen 과 희망봉 요새의 평의회로부터 본국의 17인회를 수신처로 하여 쓰여진 1668년 1월 19일 자 서한으로부터 발췌를 인쇄했던 것이 현존한다(그림을 참조). ④가 반드시 후진적인 것이 아니었다는 사실은 1670년대가 되어 오히려 늘고 있다는 점에서도 지적할 수 있다. 속보성을 중시한 것이리라.

이상과 같이 일본 상관장이 17세기에 세계 각지의 최신 정보를 제공할 수 있었던 배경에는 동인도회사의 시사정보 배포망의 존재가 있었다.

그러나 이러한 네덜란드의 선진성은 18세기 전반에는 흔들리기 시작하고 점차 영국에 우위를 빼앗기게 된다. 1799년 네덜란드 동인도회사의 해산과 함께 그 시사정보 배포망도 붕괴하고 만다.

그림 4　함대 사령관 코르넬리스 판 크발베르헌과 희망봉 요새의 평의회에서 네덜란드 본국 중역회를 수신처로 해 쓰인 서한의 발췌 (1668년, 네덜란드 국립중앙문서관)

3.13　회사에게 정보의 의미란

바타비아에서 아시아 각지로 보낸 시사정보는 동인도회사에 있어서 어떤 의미를 가졌던 것일까. 여기에 대해 생각해보며 본 장을 마무리하자. 우선 배포되었던 정보가 회사의 공문서로 취급되었던 만큼 회사 업무를 위해서 배포되었다고 생각해야 한다. 오늘날에도 전쟁이나 재해 등 일반적인 시사정보는 투

제3장 풍설서의 관례화

자의 중요한 판단 재료이다. 마찬가지로 당시에도 온갖 시사정보는 경제정보였다. 네덜란드 동인도회사가 주식회사였던 이상 이들 정보는 각지의 상관에서 거래하기 위해 쓰인 판단 재료였음이 틀림없다.

다음으로 정도의 차이는 있겠지만 이들 시사정보는 아시아 각지의 상관에 분산되어 일하는 직원들의 고독감을 치유하는 데에 쓸모가 있었다고 생각된다. 고향은 무사한가. 전쟁이나 재해는 일어나지 않았는가. 안도나 불안을 공유함으로써 회사 직원으로서의 일체감도 높아졌을 것이다.

마지막으로 샴이나 캔디^{Kandy}(현 스리랑카에 있던 왕국) 등에서 거래처인 현지의 왕후가 네덜란드인에게 그러한 시사정보를 요구했다는 사실이 알려져 있다. 단 이들 나라에서는 정보의 요구는 뭔가 특별한 일이 일어났을 경우에 한정되었다. 일본의 풍설서처럼 매년이라는 예는 다른 곳에 없다. 이러한 정보의 제공은 네덜란드 동인도회사에게 있어 전혀 밑천이 필요 없는 편한 작업이었다.

회사는 풍설서라는 제도가 있거나 없거나 시사정보를 각 상관에 배포하고 있었던 것이다. 일부러 쇼군을 위해서 해야만 하는 일 따위는 거의 없었다. 한편 막부에게 있어서 네덜란드로부터의 정보는 대체할 수 없는 더할 나위 없이 귀중한 것이었다.

나중의 이야기지만 19세기 아시아에서 유럽인의 정보 세계는 크게 변화한다. 네덜란드령 동인도에서는 1810년에 총독 헤르만 단덜스$^{Herman\ Willem\ Daendels}$가 행정개혁의 일환으로 『바타비아 식민지신문』(『자바 신문』의 전신)을 발간했다. 그리고 회사가 해산한 후 19세기의 '통상' 풍설서는 주로 정청 기관지였던 『자바 신문』을 바탕으로 작성되었다. 한 번 일본에 들어오고 나면 비밀정보로 취급되기도 한 19세기의 풍설서지만 일본에 오기 전에는 비밀도 무엇도 아니었다. 저렴하고 간단하게 손에 넣을 수 있는 공공연한 정보였던 것이다.

제 4 장

위협은 가톨릭에서 '서양 근대'로

그림 1　이시자키 유시(石崎融思) 《난관도회권(蘭館圖繪卷)》「데지마 수문(水門)」(1801년, 나가사키 역사문화박물관)

제4장 위협은 가톨릭에서 '서양 근대'로

4.1 안정적인 동아시아

1681년에 청조는 삼번의 난을 진압했다. 1683년에는 타이완의 정씨 정권이 청에 항복했다. 이러한 사건들을 겪자 청은 천해령을 해제했고 민간 상선의 해외 도항을 허락했다. 그 결과 1685년 이후 대량의 중국선이 나가사키에 쇄도했고 무역량이 격증했다. 막부는 일본에서 금은이 유출되는 일을 문제시해 1715년에 쇼토쿠正德 신례新例를 발령해 무역 제한을 강화했다.

1717년 청조가 남양南洋 해금정책을 도입한 일도 하나의 원인이 되어 18세기 전반 이후 동남아시아에서 출발하는 당선은 일본에 오지 않게 되었다. 이후 일본에 내항하는 당선은 모두 중국 본토 특히 자푸乍浦의 상인들이 만든 것이었다. 자푸는 상하이와 마찬가지로 장강 하류역에 있는 항구 도시 중 하나다. 나가사키에 내항하는 상인은 일본의 동銅을 사들이는 권리와 의무를 부여받은 관허官許 상인이었다. 1757년에 청조는 유럽 배의 무역을 광저우Canton에 한정해 허가했다. 이후 칸톤 시스템이라고 불리는 엄격한 통제 아래였지만 무역이 활발하게 이루어지게 되었다.

18세기 중반에는 인도 대륙의 동해안Coromandel Coast 지방이나 벵골에서 영국과 프랑스의 동인도회사 사이에 패권 다툼이 반복되었다. 그리고 1757년의 플라시 전투에서 영국 동인도회사의 우위가 확정된다. 1759년에 네덜란드 동인도회사는 영국에 대항하기 위해 바타비아에서 원정군을 벵골에 파견했지만 완전한 실패로 돌아갔다.

4.2 동란의 유럽

18세기 내내 유럽은 갖가지 전쟁으로 날이 새고 저물었으며 네덜란드는 국력을 서서히 잃어간다. 아메리카 독립전쟁에서 네덜란드가 미국을 지지했다는 일을 계기로 제4차 영란전쟁(1780-1784)이 발발했다. 이 전쟁에 참패한 일로 인해 네덜란드의 해운, 무역업과 금융업은 괴멸적인 타격을 입었다.

1789년에 프랑스 대혁명이 일어나자 이 틈을 타 주변 국가들이 프랑스에 군대를 침입시킨다. 이를 격퇴하기 위해 편성된 혁명군은 예상외의 강력함을 보여주었고 1794년 여세를 몰아 네덜란드를 침공했다. 네덜란드에서는 국내의 친불親佛파가 네덜란드 공화국을 무너뜨리고 바타비아 공화국$^{Bataafse\ Republiek}$[1])을 건설했다. 한편 친영파인 총독 오라녜$^{Prins\ van\ Oranje}$ 공 빌럼 5세는 가족을 데리고 영국으로 망명했다. 1797년 영국이 바타비아 공화국에 대해 선전포고한다. 망명 중이던 오라녜 공은 네덜란드의 해외 거점에 대해 영국의 보호하에 들어갈 것을 명령했다(큐 서한$^{Brieven\ van\ Kew}$). 해외 거점을 잃고 활동을 할 수 없게 된 네덜란드 동인도회사는 막대한 부채를 껴안은 채 1799년에 해산했다. 회사의 자원과 채무는 바타비아 공화국이 인계했다.

---

1) 동인도회사의 거점 도시 바타비아와는 관계없는 네덜란드 본국의 공화국 명칭이므로 구분할 필요가 있다. 어원이 같을 뿐이다.

제4장 위협은 가톨릭에서 '서양 근대'로

 그 후 프랑스 황제로 즉위한 나폴레옹 보나파르트는 1806년 동생 루이를 네덜란드 국왕으로 임명했다. 그러나 루이가 대륙봉쇄령을 엄격하게 지키지 않았기 때문에 1810년 나폴레옹은 네덜란드를 직할령으로 병합해버린다. 이로 인해 네덜란드라는 나라는 일시적으로 소멸하게 된다. 나폴레옹과 대립하는 영국은 네덜란드도 적으로 간주하고 큐 서한이 불러일으킨 혼란을 이용해 1811년에 바타비아를 포함한 자바 섬을 점령했다.

 1814년 나폴레옹의 몰락과 더불어 네덜란드는 독립을 회복했고 빌럼 5세의 아들이 네덜란드 왕국 빌럼 1세로 즉위했다. 네덜란드 왕국의 탄생이다. 영국은 희망봉, 실론 섬, 남미의 식민지 일부를 제외한 구 네덜란드의 해외 거점을 반환하기로 약속했다.

 1816년에는 약 5년간에 걸친 영국의 자바 섬 점령이 끝났다. 대신 네덜란드령 동인도 정청政廳이 바타비아에 설치되어 식민지로서의 통치가 시작되었다. 네덜란드-일본 무역도 동인도 정청 식민국이 관할하는 관영 무역으로 자리매김하게 되었다.[2] 나가사키 데지마에 있는 상관장도 18세기 말까지는 동인도회사의 직원이었던 것과 달리 19세기 이후는 동인도 정청의 관리인 것이다. 다만 나가사키에서는 회사가 존속하고

---

2) [원주] 참고로 '식민국'은 굳이 직역하자면 '식민지 산물 및 민생 창고국' 정도가 되는데, 이 책에서는 마쓰자와 다케오에 따라서 이 번역어를 사용한다.

있는 것으로 간주된 채로 거래가 계속되었다.

1824년에 영국과 네덜란드와의 사이에는 아시아에서의 양국 세력범위에 선 긋기가 이루어졌다. 이를 통해 네덜란드는 말레이 반도 서쪽 지역 전체의 근거지를 포기하고 오늘날의 인도네시아만 네덜란드령 동인도로 확보했다.

4.3 '쇄국조법관'

일본으로 눈을 돌려보자. 17세기 후반에 삼번의 난을 수습하고 타이완의 정씨 세력이 항복한 것을 계기로 동중국해가 평화로워지자 대외관계도 안정되어 간다. 17세기에 제1장에서 말한 '네 개의 창구'(쓰시마, 사쓰마, 마쓰마에, 나가사키)를 통해서 각각이 관장하는 조선, 류큐, 아이누, 중국·네덜란드에 한정지어 관계를 맺는다는 틀이 성립되었다. 이 틀은 18세기에 실체적 상태로 정착했고 고정화되어 갔다.

18세기 말이 되면 러시아인이 지시마千島와 사할린(가라후토樺太)에 나타나게 된다. 또한 영국, 프랑스의 측량선이나 영국, 미국의 포경선 또는 모피 무역선이 일본의 근해에서 활동을 개시했다. 이때 전통적인 관계를 가진 나라나 사람만으로 교섭 상대를 한정해야 한다고 하는 규범의식(후지타 사토루藤田覺는 '쇄국조법관鎖國祖法觀'이라고 부른다)이 생겨났다. 이 챕터에서 다루는 것은 그러한 '쇄국'의 실태가 체제로서 서서히 정착하고, 외부로부터의 새로운 자극에 의해 그 체제가 지켜야할 것으로 바뀌어 가는 시대다. 주의해야 할 점은 17세기의 '쇄국'이 기리시탄 금지의 일환으로서 정책 차원의 문제였던 것에 비해 이 정책이 실태로서 정착함과 더불어 18세기 말의 '쇄국'은 체제로서의 문제가 되어 있었다는 사실이다.

18세기 말 네덜란드 공화국이나 동인도회사가 소멸해버렸던 때조차도 나가사키의 상관은 네덜란드의 국기를 내건 채 존속했다. 네덜란드 동인도회사의 수많은 상관 중에서 회사보다 장수한 것은 나가사키뿐이었다.

이러한 시기에 네덜란드인이 풍설서에 의탁해 알리고자 했던 일 혹은 실제로 알렸던 일에는 무엇이 있었던 것일까.

종래에는 "시간이 지남에 따라 풍설서의 내용이 형식화되고 간략해졌다"(『국사대사전』)이라고 간단하게 설명해왔다. 실제로 에도시대 중에도 이 시기의 대외관계는 비교적 안정적이었다고 생각된다. 그러므로 일본만을 생각한다면 형식화되고 간략해졌다고 말한다 해도 그다지 위화감은 없다. 그러나 이 시기의 세계는 크게 움직이고 있었고 네덜란드는 그 파도에 휩쓸리고 있었다. 만일 이 사실이 전달되지 않았다고 한다면 그 의미를 묻지 않을 수 없다.

4.4 샴 풍설의 시대

1685년 이후 동아시아 해역은 안정과 평화의 시대를 맞이해 막부에게도 네덜란드 동인도회사에게도 더 이상 가톨릭 세력은

● 4.4 샴 풍설의 시대

두려워 할 대상이 아니게 되었다라고 생각하는 것이 일반적이다. 그러나 나는 1673년부터 1715년까지 네덜란드 풍설서 중에 샴 풍설서라고 불러야 할 것이 있다는 점에 주목하고 싶다.

샴을 출발한 배가 가져오는 정보만을 다루는 풍설서는 1673년부터 존재한다. 그리고 1680년대에 들어서면 빈번하게 보인다. 1683년 샴에서 온 소식을 들으러 통사가 상관을 방문했다. 상관장 일기를 보도록 하자.

> 8월24일 : 통사인 요코야마 요소자에몬横山與三左衛門과 모토키 타로에몬本木太郎右衛門이 방문해서 샴으로부터 온 소식을 적어 가게 해달라고 요구했다.
>
> 적어 간 내용은 다음과 같다. 타르타르인[청]에 의해 아모이厦門에서 추방된 중국인[삼번중 정남왕靖南王의 지배하에 있던 사람들]이 해적이 되어 캄보디아에 근거지를 구축했다. 적지 않은 중국인이 이주하여 내 것인 것 마냥 굴기 시작했기 때문에 캄보디아왕조차도 도망쳤다. 왕의 소식은 현 시점에서는 알 수 없다.
>
> 25일 : 대통사 요코야마 요소자에몬이 나타나, 네덜란드 선이 며칠 전에 나가사키에 도착해있었음에도 불구하고 샴에서 온 소식을 에도에 풍설로 보낼 때에 맞게끔 더 일찍 알려주지 않았던 점을 나가사키 부교는 불만으로 생각하고 있음을 나에게 알려줬다.

사실 부교는 이미 이 해의 당선 풍설서에 의해 캄보디아에서 일어난 일을 알고 있었다. 부교는 이 정보를 확인하기 위해 네덜란드인 쪽으로 통사를 보냈다. 그리고 알고 있었다면 왜

제4장 위협은 가톨릭에서 '서양 근대'로

더 일찍 부교에게 전하지 않았는가라는 불만을 표한 것이다. 복수의 해외 정보원을 확보하여 서로 대조해보고 어느 한 쪽이 정보 제공 의무를 게을리했다면 질책하여 더욱 신속하게 상세한 정보 제공을 하도록 다그치는 것이 막부의 방침이었다. 1683년에 표한 부교의 불만을 받아 이듬해부터 상관장은 샴의 정보를 배가 도착한 직후에 전달하고자 노력하게 되었다.

4.5 샴 왕실 정크선 등장

왜 샴에서 온 정보만 다른 정보와 달리 따로 막부에 보고되었던 것일까.

샴의 왕인 나라이^{Narai}(재위 1656-1688)는 국제무역에도 외교에도 열심이었다. 나라이왕은 주석·납·소목蘇木·침향沈香·코끼리·상아 등의 조달과 수출을 왕실 독점으로 삼았다. 그가 정크선을 이용해서 행한 대일對日 무역은 네덜란드 동인도회사와 경쟁관계였다. 동인도회사는 1663년부터 1664년에 걸쳐서 수도인 아유타야와 바다를 잇는 짜오프라야 강을 2개월 이상 봉쇄하고 나가사키에서 돌아오는 정크선을 나포함과 동시에 적하물을 압수했다. 1664년 나라이왕이 양보하는 형식으로 양자 사이의 갈등은 일단락되었다. 활동 영역을 서로 구분함으로써 공존을 목표로 한 것이다.

1679년부터 1715년까지 사이에 78척(연 2-3척), 1716년부터 1728년 사이에 11척(1년에 약 1척) 합계 89척의 정크선이

● 4.5 샴 왕실 정크선 등장

나가사키에 내항했다(이이오카 나오코飯岡直子에 의함). 그리고 그 상당 부분이 샴 왕실의 정크선이었다. 왕실 정크선은 국왕이나 왕자가 배의 소유자 혹은 화주貨主였지만 뱃길 안내인을 비롯한 승무원은 샴에 거주하는 화교였다. 1715년의 쇼토쿠 신례正德新例로 샴을 출발하는 정크선의 나가사키 내항 숫자를 매년 1척씩이라고만 정한 후에도 네덜란드 동인도회사에게 이 왕실 무역은 일본 무역의 경쟁상대로 존속했던 것이다.

나라이왕의 적극적인 대외정책 중에서도 프랑스와의 관계는 특필할 만한 가치가 있다. 1662년 파리 외방전교회의 선교사들이 처음으로 샴에 입국했다. 그들은 프랑스 동인도회사와 루이 14세에게 샴에서의 선교활동 원조를 요청했다. 1680년 프랑스 동인도회사는 아유타야에 상관을 건설한다. 1680년대에는 샴의 사절이 프랑스를 두 번 방문해 루이 14세의 사절을 동반해 아유타야로 돌아왔다. 프랑스왕은 나라이왕이 로마 가톨릭으로 개종하기를 기대하고 있었지만 국가의 기초를 불교에 두는 샴의 왕에게 개종이란 있을 수 없는 얘기였다.

1688년에 나라이왕이 후계자 없이 죽자 유력한 부하 중 하나인 페트라차Phetracha 가 쿠데타를 일으켜 왕위에 올랐다(재위 1688-1703). 프랑스 동인도회사의 군대는 배척되고, 이후 남아 있던 프랑스인이나 가톨릭 교도도 박해받았다. 페트라차왕과 네덜란드 동인도회사는 프랑스에 대한 적대감으로 단결했다.

제4장 위협은 가톨릭에서 '서양 근대'로

4.6 네덜란드 동인도회사와 샴

네덜란드 동인도회사는 나라이왕과의 조약으로 사슴 가죽, 샴 산 소목 등을 독점적으로 일본에 수출하는 권리를 얻었다. 대신에 회사는 샴의 정크선이 일본산 동을 샴에 반입하는 독점권을 인정했다. 그 결과 매년 5월에서 7월에 걸쳐 동인도회사의 배 한두 척이 샴에 도착하면, 그곳에서 샴에 보내온 짐을 내리고 일본에 보낼 소목이나 사슴 가죽을 싣고 7월에서 8월에 걸쳐서 일본에 도착하는 일정이었다. 무역을 마치면 짐을 실어 바타비아로 직항한다. 일본에서 들여오는 동은 동인도회사가 샴에 반입할 수 없기 때문이다.

이러한 상품과 배의 움직임과 더불어 정보의 움직임에도 특징이 나타났다. 샴 상관에서 보낸 서한은 2개월 정도 걸려 나가사키에 도착하는데, 10월경에 발송되는 일본 상관에서 샴 상관으로 보낸 서한은 반년 이상 걸려서 이듬해 5월 경 샴에 도착하게 되었다. 이와 같은 정보 지연을 피하기 위해서 일본 상관은 샴에 돌아가는 정크선에 서한을 위탁했던 것이다.

샴의 정크선에게 서한 운반을 위탁하는 행위를 막부는 곱게 보지 않았고 바타비아 총독도 "짧으며, 다른 사람이 읽어도 상관없는 서한만"을 허락했다. 그러므로 정크선에 맡긴 서한에는 이듬해 일본에서 판매할 수 있을 것 같은 사슴 가죽의 수량과, 늘 정해져 있던 "샴의 가톨릭 교도의 동향을 알려주길 바란다"라는 문구가 포함되어 있었다. 사슴 가죽은 썩기 쉬운 상품이

● 4.6 네덜란드 동인도회사와 샴

었기 때문에 신속하게 샴에서 적재를 완료해 일본에 보내주길 바랐기 때문이다. 동시에 막부를 향해 샴과의 소통이 필요하다는 사실을 강조하기 위한 가장 유효한 수단은 가톨릭에 관한 정보원으로서 샴 상관을 규정하는 일이었던 것이다.

상관장 일기 1687년 8월 28일 조에는 제공했던 정보의 내용이 적혀 있다.

> 세 명의 샴 대사가 선물을 들고 포르투갈선으로 고아를 출발해 유럽을 향했다. 프랑스왕, 영국왕, 포르투갈왕에게 주인인 샴의 군주의 이름으로 경의를 표하기 위해서이다.

샴 왕실과 프랑스, 포르투갈과의 친밀한 관계를 강조해 샴 왕실의 정크선에 대한 막부의 의혹을 끄집어 내려는 의도가 엿보인다. 게다가 영국에 대한 적대감도 커지게끔 만드는 내용이다. 당시 영국왕은 가톨릭 신자인 제임스 2세였다. 이를 반영해서 작성된 풍설서에는 다음과 같이 적혀 있다.

> 작년 남만인의 배에 샴 왕이 보낸 사자를 세 명 태워 한 사람은 프랑스, 한 사람은 영국으로, 한 사람은 포르투갈에 보냈다고 하며, 고아에 들렸다가 거기서 출발한 뒤 카프Kaap라는 곳에서 가까운 앙골라라는 곳에서 파손되었다. 사람은 대부분 구조되었기 때문에 카프에서 카라파로 넘어왔다.

샴에서 유럽을 향해 간 사자의 배는 결국 카프(희망봉) 가까이에서 난파돼 구조된 사람들은 네덜란드 배에 의해서 바타비아(카라파)로 보내졌다라는 문장 하나가 추가되어 있다. 이 부분은 네덜란드인의 이야기를 듣고 나서 통사가 한 발짝 더 들어가 물어본 것이 아닌가 생각된다. 통사는 샴 왕의 파견 사절이 성공했는지 아닌지의 여부를 꼭 알고 싶었을 것이고, 네덜란드인은 자신들의 강인함과 자비로움을 얘기하고 싶었을 것이기 때문이다.

4.7 막부는 유럽에 흥미 없음

1688년 영국 동인도회사는 통상조약의 체결을 위한 서한을 샴의 새로운 왕인 페트라차에게 보냈다. 네덜란드 동인도총독 요하네스 캄파위스Johannes Camphuys 는 영국이 샴에게 접근하는 것이 네덜란드 동인도회사에 대한 위협이라고 판단해 영국이 샴으로 보낸 서한의 사본을 일본 상관에 보냈다.

일본 상관장 헨드릭 판 파위텐험Hendrick van Vuijtenhem 은 같은 해 10월 12일자 서한에서 총독에게 다음과 같이 보고했다.

> 유럽 국가들의 상태에 관해 에도에서는 아무것도 질문 받지 않았습니다. 이는 대단히 이상하다고 생각되었습니다. 바타비아의 총독 각하와 샴의 상관장으로부터 받은 최신 정보 중에서 통상적으로 제가 필요하다고 판단한 사실만을 통사들에게 전했습니다. 또한 영국 동인도회사에서 샴의 새로운 왕에게 보내진 서한의 일도 통사들이 나가사키 부교에게 내밀하게 전달하도록 알려줬습니다. 이를 안 통사들은 나쁜 예감을 품었습니다. 그리고

● 4.7 막부는 유럽에 흥미 없음

> 프랑스인 선교사나 포르투갈인의 나쁜 계획에 관해서도 통사들은 크게 곤혹스러워 하는 것 같았습니다. 또한 에도의 막부 고관들도 조금 걱정하기 시작했다고 저는 판단합니다. 9월 4일에 히라도와 아리마의 영주[히라도 번주와 시마바라 번주]를 수신인으로 에도에서 보낸 서한이 도착해 나가사키 주변 지역의 방비를 굳히도록 하는 명령이 내려졌기 때문입니다.

상관장 판 파위텐험은 유럽 국가들의 움직임에 대해 상경했던 당시 에도의 막부 각료가 관심을 보이지 않았다는 사실에 다소 불만이 있었던 듯하다. 그러나 샴의 정세에 관해서는 막부가 뚜렷하게 반응했다고 인식했다.

게다가 가톨릭 선교사를 샴 경유로 중국에 들여보내는 계획이 있음을 알려서 통사를 당혹스럽게 만들고 있다. 이 얘기는 완전히 만들어낸 얘기가 아니며 실제로 루이 14세의 비용으로 프랑스인 예수회의 여섯 명이 중국에 파견되었다. 그들은 포교를 위해 1667년 샴 경유로 닝보寧波에 들어갔다. 판 파위텐험은 1688년 11월 26일자로 샴 상관장 요안 케이츠Joan Keits에게 적어 보냈다.

> 나가사키 부교는 통사를 매개해 샴에서의 프랑스인, 그 밖의 가톨릭 교도의 행동 모든 것에 관한 상세한 정보를 모아, 소홀함 없이 나가사키의 네덜란드 상관에 알리도록 샴에 근무하는 회사 직원에게 적어 보낼 것을 우리에게 명령했습니다.

제 4 장 위협은 가톨릭에서 '서양 근대'로

4.8 샴 정세와 엮어서 전달하라

1689년 7월 1일자 서한에서 총독 캄파위스는 일본 상관장 코르넬리스 판 아우트호른Cornelis van Outhoorn에게 자신의 판단에 덧붙여 다음과 같은 지시를 내렸다.

> 전 상관장인 헨드릭 판 파위텐험 각하가 에도에서 막부의 고관으로부터 유럽에서 일어난 일에 관해 조금도 질문을 받지 못하신 점은 매우 이해할 수 없습니다. 작년 샴의 중요한 소식[새로운 왕의 즉위]이 귀하를 통해 전달되어 나가사키에서 에도에 보내졌다면 에도의 막부는 의심의 여지없이 올해는 작년보다 흥미를 갖고 그 소식에 관해 귀하에게 자세하게 질문할 것이 틀림없습니다. 왜냐하면 그 정보는 그들을 대단히 놀라게 만들 것이기 때문입니다. 네덜란드인의 성실하고 평화적인 방법과 프랑스인이나 영국인의 악행을 비교했을 때, 샴의 현재 왕이 네덜란드 동인도회사에 매우 경도되어 있음은 차기 일본 상관장인 발타사르 스베이르스Balthasar Sweers가 숙지하고 있을 뿐 아니라, 우리가 샴에서 귀하에게 보낼 예정인 샴에서 일어난 일의 후속편에 관한 보고서 사본을 통해 귀하도 더욱 상세하게 알 수 있을 것입니다. …
>
> 이들 유럽 정세[네덜란드와 영국·프랑스와의 전쟁, 명예혁명 등]에 관한 중요한 정보는 일본인에게도 자세하게 알려주십시오. 이때 이 모든 것이 1672년에도 네덜란드를 공격해 왔던 두 명의 왕[루이 14세와 제임스 2세]의 교활한 계책으로부터 자국을 지키기 위한 것일 뿐임을, 나아가 프랑스왕이나 영국왕이 그들 자신의 신민에 대해 행하고 있던 잔인한 독재로부터 네덜란드인을 떨어뜨려

4.8 샴 정세와 엮어서 전달하라

놓기 위했다는 일도 덧붙여 주십시오.

막부가 유럽 정세에 무관심하다는 사실에 동인도 총독은 의문을 가졌다. 그리고 샴 정세와 엮어서 유럽 정세를 전하면 유럽에 대한 막부의 관심도 커질 것이라고 생각했다. 그렇기 때문에 샴의 쿠데타에 관한 샴 상관장의 보고서 사본을 일본에도 보낸 것이다. 동시에 네덜란드 총독 오라녜공 빌럼 3세가 군과 함께 영국에 상륙하여 가톨릭인 제임스 2세를 퇴위로 내몰고 영국왕으로 즉위(윌리엄 3세)했으며 부인인 메리 2세와의 공동 통치를 시작했다는 일(명예혁명)이나, 9년 전쟁[3]이 발발했다는 사실도 알리도록 일본 상관장에게 지시했다. 그때 이것이 네덜란드 측의 침략전쟁이 아니라 자위전쟁임을, 영국의 이전 왕이나 프랑스왕의 잔혹함을 강조해서 보고하도록 강조하고 있다.

1689년 7월자 서한에는 샴에서 보냈던 정보가 일본인을 만족시키는 데에 도움이 되었는지 여부를 알려달라는 샴 상관장의 뜻이 들어있었다. 일본 상관장은 샴으로부터 온 정보는 일본인을 매우 기쁘게 만들었다며 앞으로도 계속 보내달라고 같은 해 10월자에서 답하고 있다. 일본 상관장은 이후에도 1710년 즈음까지 특히 프랑스인이나 포르투갈인의 가톨릭 교도에 관해 알려달라고 샴 상관장에게 계속 요청했다. 여기에 응한 샴 상관장은 샴 경유로 일본에 가는 배에 현지에 관한 정보를

---

[3] 1688-1697년에 일어난 루이 14세와 네덜란드를 포함한 유럽 국가들과의 전쟁.

제 4 장 위협은 가톨릭에서 '서양 근대'로

맡겼다.

1689년 9월 여름에 샴에서 보내온 총독용 보고서의 사본을 바탕으로 일본 상관장은 통사에게 샴의 정보를 자세하게 전했다. 일부를 소개한다.

> 샴의 늙은 나라이 왕이 숨지고 그 직전에 왕의 동생 두 명이 살해당했다. 일찍이 모반을 기도해 가담한 적이 있기 때문이다. 그리고 프랑스인이나 영국인에게 대항한 충성스러운 전직 군사령관 오프라 페트라차가 왕위에 올랐다.
>
> 프랑스인은 드디어 샴 사람으로부터 맡아 두었던 방콕성[4]을 떠났다. 온정과 자비로 자유롭게 출발하는 일이 허용되었는데 인질로 와있던 몇 명의 샴 고관과 그 자녀들을 연행했다. 샴에 있던 영국인도 대부분 떠나고 샴국은 다시금 완전히 평온한 상태로 안정되었다.
>
> 샴의 새로운 왕은 바타비아의 총독 각하에게 서한을 보내 네덜란드 동인도회사나 네덜란드 국민에 대한 자신의 만족을 몹시 호의적으로 표명해주었다. 왜냐하면 샴의 내란에 임해 항상 어디에서라도 우리가 하고 있듯이 충실한 친구로 행동했기 때문이다. 그렇기 때문에 우리는 군주의 애호 아래 샴 국내에 머무르며 안심하고 무역을 계속할 수 있게 되었다.

여기서는 쿠데타로 왕위에 오른 페트라차를 나라이왕에 대한 충성을 다한 인물로 호의적으로 묘사하고 있다. 새로운 왕

---

4) [원주] 짜오프라야 강의 하구에 있으며 현재 타이의 수도.

페트라차가 네덜란드인 편이었기 때문이다. 거꾸로 프랑스인과 영국인에 대한 악의를 노골적으로 드러냄으로써 일본인의 적대감이 그들을 향하게끔 유도하고 있다.

4.9 사라져 가는 가톨릭 세력에 대한 두려움

1690년부터 1715년까지 거의 예년과 같이 샴에서 온 소식만을 전하는 풍설서가 작성되었다. 그 중 몇 개는 정확히 '샴 풍설'이라는 표제를 갖고 있다. 그러나 이후 샴 정보에 특화한 풍설서는 보이지 않게 된다.

그 이유 중 하나는 1715년의 쇼토쿠 신례로 네덜란드선의 일본 내항 횟수가 연 2척으로 제한되었기 때문이다. 이로 인해 그해를 마지막으로 샴을 경유하여 나가사키에 오는 네덜란드선은 없어졌다. 이듬해부터 네덜란드 동인도회사는 샴의 산품을 바타비아 경유로 일본에 운반해 샴의 정보도 바타비아에서 오게 되었다.

둘째로 네덜란드 동인도회사에 있어 샴의 정세나 그곳에서 활동하는 가톨릭 선교사의 정보를 흘리는 일의 의미가 없어졌기 때문이다. 1715년의 샴 풍설의 내용은 네덜란드선이 조난해 살아남은 선원이 샴에서 활동하는 가톨릭 선교사의 연고에 의지해 결국 샴 경유로 바타비아에 송환되었다는 것이었다. 샴에서의 가톨릭 선교사의 활동을 위협으로 강조하는 내용이 아니다.

제4장 위협은 가톨릭에서 '서양 근대'로

이 배경에는 산펫 8세^{Sanphet VIII}(재위 1703-1709)의 후계자인 타이사^{Thai Sa}(재위 1709-1733)의 치세에 들어서자 샴이 스페인, 프랑스, 영국 등과의 관계를 축소시킨 점이 있을 것이다. 네덜란드 동인도회사에 있어서 커다란 대항세력이나 비난의 대상이 샴 국내에서 사라진 것이다.

이 시기에 샴을 출발한 정크선은 샴에 대해 어떤 정보를 전하고 있었을까. 대부분의 당선 풍설서는 샴 정세를 '고요하고 편안함^{靜謐}'이라고 전한다. 1689년 나라이왕 사후의 쿠데타와 1703년에 페트라차의 즉위를 전하는 정도이다. 가톨릭 선교단이나 프랑스 동인도회사를 언급한 흔적은 없다.

네덜란드 풍설서를 시작했을 때 그 최종 목적은 포르투갈, 스페인 등 가톨릭 세력을 일본과 그 근해에서 배제하는 일이었다. 기리시탄 금지 때문에 막부에게 있어서 그것은 필요했다.

1680년대부터 1710년대에 작성된 샴 풍설은 일본에서 가톨릭 세력을 배제한다는 본래의 목적을 위해 작성된 풍설서의 마지막 모습이었다고 말할 수 있다. 여기에는 포르투갈인 대신에 프랑스인이 주된 표적이 되어 있었고 당시 가톨릭 왕을 받들고 있던 영국인도 비난의 대상에 들어갔다.

전반적으로 네덜란드 동인도회사는 가톨릭의 위협을 세상에 떠들썩하게 알려 일본 무역을 유리한 방향으로 이끌고자 했던 것이다. 1680년대를 경계로 중국 주변의 해역이 대략 안정되었던 것과는 대조적으로 동남아시아는 아직 사회적, 경제적

● 4.9 사라져 가는 가톨릭 세력에 대한 두려움

으로 혼란스러웠다. 이는 유럽의 전쟁과도 연결되어 있었으며 유럽인끼리의 경쟁도 치열했던 탓이다.

또한 이 단계에서는 막부도 네덜란드인이 제공하는 해외 정보를 정크선을 통해 받은 정보와 비교하는 일이 가능했다. 그렇기 때문에 대항하는 정보원의 존재가 압력으로 작동해 풍설서는 사실에 입각해 상당히 상세한 내용이 되었다.

나가사키의 부교나 통사들은 동남아시아의 정세에 관심을 갖고 있었다. 샴은 당선(정크선)의 활동범위 서쪽 끝에 있었고 이는 곧 전통적으로 일본이 관심을 가져왔던 세계의 서쪽 끝이라는 의미이기도 했다. 유럽에서 일어나는 전쟁은 그 자체로는 일본인의 흥미를 끌지 않았다. 흥미를 가졌다고 해도 너무나 자신들과 동떨어져 있어 이해할 수 없었을 것이다. 그러나 샴 왕국의 동정이나 샴에서 중국으로 선교사가 보내지고 있다는 정보와 조합해서 보면 갑자기 현실성을 띠면서 막부의 관심이 높아지는 것이다.

한편으로는 에도의 막부는 기리시탄이나 대외적인 문제에 관한 관심을 점차 줄여가고 있었다. 당시 쇼군인 도쿠가와 쓰나요시德川綱吉(재위 1680-1709)는 남달리 강한 호기심을 가졌다. 그러나 상경했던 네덜란드 상관장에게 그가 질문한 것은 "자식은 몇 명이 있는가" 등의 비정치적인 내용뿐이었다. 1640-1660년대의 상경에서 이노우에 마사시게나 호조 우지나가로부터 상관장이 받았던 날카로운 질문과는 비교할 수가 없다.

제4장 위협은 가톨릭에서 '서양 근대'로

나가사키 상관 부속 의사로 일본에 왔던 엥겔베르트 캠퍼Engelbert Kaempfer가 쓰나요시에게 배알했던 것은 바로 1690년 경의 일이다. 캠퍼가 그린 일본인의 바깥 세상에 대한 관심은 더 이상 두려움이 아니라 단순한 호기심이었다. 참고로 그 캠퍼의 저서 『일본지日本誌』 서문에 일본을 '닫은 나라'라고 쓰인 한 구절이 있다. 19세기에 들어서 그 서문이 '쇄국론'이라는 표제로 번역출판되었을 때, '쇄국'이라는 일본어가 탄생했던 것이다.

4.10 플라시 전투

1757년 6월 서벵골에서 세계사적으로도 유명한 플라시 전투가 일어났다. 영국 동인도회사의 군대가 벵골의 태수와 프랑스 동인도회사의 연합군을 격파한 것이다. 이 전투의 결과로 1765년에 영국 동인도회사는 벵골에서의 징세권을 획득하고 그것을 지렛대 삼아 벵골에서의 우세를 결정지었다. 그때까지 오로지 통상을 위해서 아시아에 와있던 유럽인이 본격적으로 영토를 획득했다는 점에서 훗날의 식민지 지배로 이어지는 커다란 전환점이었다.

1758년 일본 상관장 헤르버르트 페르묄런Herbert Vermeulen은 통사들에게 네덜란드 동인도회사가 충분히 벵골산 견직물을 수입하지 못하는 이유로 벵골에서의 전쟁을 들었다. 사실 회사는 이익이 나지 않는 벵골산 생사·견직물을 일본에 수출하는 일을 그만두고 싶어하고 있었다. 그러나 이를 감춘 채 전쟁이라는

● 4.10 플라시 전투

다른 변명을 내놓은 것이다.

1758년 11월 12일자로 페르묄런은 총독 야코프 모설Jacob Mossel에게 다음과 같은 서한을 써서 보고했다.

> 벵골산 견직물은 막부로 보내는 선물용으로도 판매용으로도 입수할 수 없게 되었다고 일본인에게 설명했습니다. 영국인과 벵골인과의 쟁란으로 견직물 짜는 사람들이 도망가 버려서 벵골의 직물업이 침체돼버렸기 때문에 해당 지역에서의 명주실의 집하가 거의 멈춰버렸고 그 결과 충분한 양의 상품을 운반해 올 수 없게 되었다고 말했습니다.
>
> 이 설명은 현재 일본에서는 상당히 설득력이 있습니다. 다른 나라와의 온갖 통교通交 관계 밖에 살고 있으면서 네덜란드인이 말하는 것을 거의 뭐든지 믿는 일본인에게는 네덜란드인이 바라는 일은 뭐든지 받아들여집니다. 이상과 같은 이야기로부터 일본인은 네덜란드인에게 있어 바람직하고 훌륭한 고찰을 도출해냈습니다. 즉 벵골인이 이러한 강제를 영국인으로부터 강요받는 것은 너무 많은 외국인의 입국을 허용했기 때문이며 벵골은 외국인에게 거의 지배받게 생겼다, 반대로 오직 네덜란드인과 교제하고 있었다면 이런 사태가 되지는 않았을 것이다라는 생각입니다.
>
> 우리는 이러한 의견에 이론이 있을 리가 없습니다. 일본인은 이제 벵골 정세와 다른 외국으로부터 재난을 불러들이지 않는 자신들의 안전한 상태를 비교하며, 그러한 상태가 네덜란드인과의 무역을 계속하는 일에 달려있다고 확신하고 있습니다. 그러므로 그들은 이 무역제도를 유지하고자 더욱 노력하고 있습니다.

4.11 그들은 뭐든지 믿는다

이 서한은 두 가지 점에서 주목할 만하다.

첫째, 벵골 정세에 관한 상관장의 설명은 그의 속셈과는 다른 효과를 가져왔다. 서한에서 말하는 '일본인'은 아마도 나가사키의 통사를 지칭하는 것으로 생각되나 그들은 벵골인의 고통이 유럽의 여러 국가 사람들을 받아들인 일이 원인이라고 생각했다. 네덜란드인과만 교제하고 있는 일본의 방식을 외국과의 분쟁을 막는 좋은 상태라고 여겼던 것이다. '쇄국'이 일본인 자신에 의해 자각되고 또한 좋은 것이라고 인식되었다고 해석할 수 있겠다. 물론 이러한 인식은 네덜란드인에게 대단히 편리한 것이었다.

둘째, 상관장이 일본인을 "다른 나라와의 온갖 통교通交 관계 밖에 살고 있으면서 네덜란드인이 말하는 것을 거의 뭐든지 믿는"다고 표현했다는 점이다. 여기서는 일본으로 들어가는 해외정보의 경로를 독점하고 있다는 자신감과 같은 것이 느껴진다.

플라시 전투 소식이 네덜란드 풍설서에 실리는 일은 없었다. 결국 통사나 나가사키 부교는 이 정보를 에도에 전달할 필요가 없다고 판단한 것이 된다. 이 정보를 접한 통사는 그것이 막부 정책의 타당성을 증명하는 것이라고 인식했으므로, 전달하지 않는 편이 낫겠다는 판단을 했을 것이라고 보이지는 않는다. 풍설서에서 벵골 정세가 최초로 언급되는 것은 플라시 전투로부터 3년 후인 1760년의 일이다.

네덜란드 풍설서는 1765년에 시작한 버마군의 샴 침입과 1767년의 아유타야 조의 멸망도 언급하지 않는다. 18세기 초에 일본인이 강한 흥미를 보였던 샴은 이제 관심 밖이었다는 말이 된다.

4.12 어중간하게 전해진 실론 정세

그러나 같은 시기의 실론(현 스리랑카)에서 벌어진 일은 1765년의 네덜란드 풍설서에서 찾아볼 수 있다. 1765년 실론에서 네덜란드 동인도회사는 캔디의 왕 키르티$^{Kirti\ Sri\ Rajasinha}$ 와의 전투에서 승리해 왕도王都를 점령했다.[5] 그리고 회사에 유리한 조건으로 강화를 맺었다. 1766년에 회사는 왕의 영토 내에서 자유롭게 시나몬을 채취하는 권리를 손에 넣었고 실론섬의 연안부를 회사의 영토로 편입시켰다. 그리고 실론 상관의 직원은 이제 캔디 왕 앞에서 왕국의 관례대로 행동하는 일을 그만뒀다. 이 사건을 계기로 실론에서 회사가 취한 자세는 17세기와는 전혀 다른 것이 되었다. 교섭이 아닌 군사력으로 해결하려 했고 무역뿐만 아니라 영토 확대에도 뛰어들었던 것이다. 영국이 인도를 제압해가고 있던 판국이어서 인도양 교통의 요지인 실론섬을 장악하는 일이 급선무라고 생각했을 것이다.

---

5) [원주] 영국 동인도회사는 이 전쟁에 개입하려 했지만, 캔디왕은 지원을 거부했다.

제4장 위협은 가톨릭에서 '서양 근대'로

그러나 상관장 일기도 나가사키-바타비아 사이의 서한도 이 전쟁이나 강화에 관해서는 입을 닫고 아무 것도 언급하고 있지 않다. 막부가 어떻게 반응했는지를 보여주는 일본 측 사료도 찾을 수 없다. 1765년의 풍설서는 회사가 실론의 영주와의 싸움에서 승리하고 수도를 점령해 강화를 맺었다는 일을 다음과 같이 전한다. 하지만 그 결과에 대해서는 언급하고 있지 않다.

> 하나, 실론국 영주와 실론국내 네덜란드 상관이 쟁론 끝에 전쟁까지 이르렀다. 지난 여름 귀국에 방문한 뒤 카라파 쪽으로 말을 전한 바로는, 완전히 승리하였고 실론 영주는 실론국 내 오지로 도망가버려 성읍城邑은 네덜란드인 손에 들어갔다고 한다. 작년 윤 12월에 전해들은 것에 의하면 카라파에서 정사政事를 위해 우두머리급의 인물을 한 사람 파견해놓았다고 한다. (『네덜란드 풍설서집성阿蘭陀風說書集成』)

아마도 상관장은 아시아에서 네덜란드가 영토를 획득했다는 사실에 막부가 경계심을 품게 되는 일을 두려워했기 때문에 상세한 정보를 전하지 않았던 것이리라. 일본인이 이해한 것은 네덜란드가 아시아에서 충분히 자기 세력을 지키고 있다는 사실뿐이었을 것이다. 실제로는 인도에서 발판을 잃어가고 있던 중이었지만 그것을 알리는 자는 없었다. 이 1766년의 실론 정보는 '서양 근대'의 접근을 알리는 최초의 징후이기도 했다. 하지만 결과적으로는 일련의 전통적인 정보 안에 매몰되어버린 것이다.

4.13 네덜란드 풍설서의 황금시대

18세기 중반 일본에서의 정보 제공에 관해 네덜란드인과 경합하는 상대는 없었다. 네덜란드인이 하는 말을 일본인은 무엇이든지 믿는다고 상관장이 느낄 정도였던 것이다. 중국에서 오는 정보는 류큐나 조선 경유로도 전달이 되고 있었지만 거기에 막부가 커다란 위협을 느낄 만한 요소는 없었다. 정크선은 더 이상 동남아시아의 소식을 가져오지 않았다. 포르투갈인이나 스페인인 등의 선교사 밀입국도 중단되었다. 그 때문에 오늘날 말하는 베트남 서쪽의 정보는 네덜란드인이 독점적으로 공급했던 것이다.

네덜란드인이 해외정보를 거의 독점했다는 의미에서 18세기 중반은 네덜란드 풍설서의 황금시대다. 게다가 막부는 네덜란드인이 건네는 정보를 더 이상 다른 정보원과 비교해서 확인할 수 없게 되었음에도 불구하고 그 사실을 현장에 있는 나가사키의 관리조차 불안하게 여기지 않았다. 이 시기에 구미 국가들의 세력 다툼의 주요 무대는 벵골과 실론 섬이었다. 일본의 전통적인 대외적 관심 밖에서 일어나고 있는 일에 막부는 흥미를 갖지 않았다. 유라시아 대륙의 구석에서 막부는 막간의 평온을 만끽할 수 있었던 것이다.

이 사실은 막부도 네덜란드 동인도회사도 가톨릭 세력이 다시 일본에 다가올 지도 모른다는 공포로부터 자유로워졌음을 의미한다. '서양 근대'의 새로운 움직임은 일본인 사이에서

제4장 위협은 가톨릭에서 '서양 근대'로

는 아직 위협이라고는 인식되지 않았다. 해외에 두려워해야 할 대상이 없는 이상 네덜란드인에게 정보를 요구해야 하는 적극적인 이유가 일본인에게는 거의 없었다. 네덜란드 동인도회사 측에서도 떨어뜨려야 할 경쟁 상대가 없어지자 정보를 제공하는 동기가 줄어들었다. 그리하여 이 시기의 네덜란드 풍설서는 대개 짧고 내용도 얄팍하다. 상관장 일기에도 내용이 아닌 '정보를 제공했다'라는 사실밖에 적혀있지 않은 경우가 많다.

내용이 얄팍해진다는 의미에서 이 시기는 풍설서가 정체된 시대였다고도 할 수 있다. 아유타야 왕조의 멸망이나 플라시 전투나 미합중국의 독립 등 당연히 전해져야만 하는 대사건이 전달되지 않았다는 것이 이를 상징한다.

네덜란드 풍설서 정체의 시대는 동시에 양국간 무역 쇠퇴의 시대이기도 했다. 17세기 중반 네덜란드 동인도회사에 막대한 이익을 가져다 준 일본의 생사 수입은 풍전등화였다. 세계 최고의 품질을 자랑하는 중국 생사의 집하지였던 타이완을 1660년대에 상실한 이래 회사는 통킹^{Tonkin}(베트남 북부)산, 페르시아산, 벵골산 생사를 일본에 운반했다. 그러나 수출을 금지당한 일본 은을 대신할 유력한 통킹으로의 수입품을 찾지 못하고 해당 지역의 정세가 불안해지는 일이 겹치자 1700년에 회사는 통킹 무역으로부터 철수했다. 또한 페르시아산 생사도 반입과 수송 비용이 높아서 단념했다(1795년에는 페르시아 상관을 폐쇄). 1705년부터는 벵골산 생사 만을 운반하게 되었는데 이익은 나지 않았다. 한편 일본의 생사 생산은 순조롭게 늘었다. 1720년대에는 일본산 생사로 교토 니시진西陣의 방직업 수요를 거의 충당할 수 있게 되었다고 한다.

1641년 포르투갈인의 추방을 결정할 때 막부는 네덜란드인으로부터 "포르투갈인이 가져오던 것과 같은 양의 생사를 수입할 수 있습니다"라고 언질을 받은 상태에서 최종적인 판단을 내렸다. 그만큼 수입 생사의 수요는 컸다. 그러나 18세기에는 절대적으로 수입이 필요한 품목은 약종류와 서적 정도였다. 외국인에 대한 두려움이나 관심의 저하는 자신들의 사회(그것을 '일본'이라고 인식하고 있었는지 어땠는지는 차치하고)나 경제, 문화에 대한 자신감이나 자부심의 이면이기도 했다. 기근이나 막부 권위의 흔들림 등 내부에 심각한 모순이나 문제를 안고 있으면서도 천하는 태평했다. 그리고 그 안에서 하이쿠俳句나 가부키歌舞伎 등 오늘날 일본인이 자랑스럽게 여길만한 '일본'적인 문화가 성숙해가고 있던 것이다.

4.14 무역교섭의 협상패로서의 풍설서

1780년에 제4차 영란전쟁이 발발했다. 그로 인해 네덜란드선은 유럽-아시아 사이 및 아시아 지역내에서 영국 해군의 공격을 받았다. 그 결과 일본 무역에 돌릴 배가 부족하게 된다. 더욱이 1787년부터 시작된 간세이寬政(1789-1801) 개혁의 일환으로 1790년 이후 나가사키 무역은 '반감半減 무역'으로 정해졌다. 요컨대 내항해도 좋은 네덜란드선이 연 두 척에서 한 척으로

제4장 위협은 가톨릭에서 '서양 근대'로

줄어들고 이에 맞춰 무역량도 줄어들게 된 것이다. 다만 2년 후 아담 락스만$^{Adam\ Laxman}$이 네무로根室에 내항하자 네덜란드인으로부터 러시아에 관한 정보를 필요로 했던 막부는 네덜란드 무역의 제한을 약간 풀었다. 마쓰다이라 사다노부松平定信는 네덜란드 서적의 수집과 분석을 시작해 그 유용성을 인정했다고 알려져 있다. 경영이 악화된 네덜란드 동인도회사는 상관장을 일본에 5년간 주재시키는 일과 상관장의 상경을 매년이 아닌 4년에 1회로 줄이는 일을 청했는데 선뜻 허가를 받았다.

그러한 시대에 한층 더 강렬한 개성을 발휘한 상관장이 있다. 이삭 티칭$^{Isaac\ Titsingh}$은 유능한 상관장이면서 동시에 학자 기질의 교양인이기도 하여 일본문화에 끊임없이 강한 흥미를 보였다. 일본 상관장을 세 번에 걸쳐 역임한 후에도 통사나 난학자들과 개인적인 서신 교환을 계속했다.

1784년 8월 19일 일본 상관장을 세 번째 맡게 되어 내항했던 티칭은 이례적인 일이지만, 착임과 동시에 상관장의 지위와 권한을 인수인계 받았다. 그리고 풍설서의 서명을 거부했다. 그간의 사정을 말해주는 상관장 일기의 기사를 보도록 하자.

> 상관장으로서의 직책을 인계받자마자 나는 회사 수입품의 가격인상 건, 상관장에 대한 불명예스러운 신체검사의 면제 건, 전 상관장이 에도에서 제출했던 요구가 거부당한 건 등에 관한 정보를 모으려고 했다. 그렇지만 무엇에 관해서도 정보를 얻을 수 없었다. 전 상관장의 보고에 의하면 몇 번이나 신청했음에도 불구하고 그럴듯하게 얼버무려버린 채였다고 하니 나는 불만이었다.

그래서 나는 동인도나 조국의 최신 정보를 통사들에게 제공할 때 서류에 서명하기를 거부했다. 그 종이에 일본과의 무역이 쇠퇴함으로써 회사가 겪게 된 고충을 적어 넣지 않는 한 서명하지 않는다고 말했다. 그러자 연번^{年番} 마치도시요리^{町年寄}가 오후에 데지마에 나타나 풍설서는 무역과는 전혀 상관이 없으며 서명의 거부는 에도 막부가 나쁘게 받아들일 것이라고 말해 끝내 나를 설득시켜 최신 정보[풍설서]에 서명하게 만들었다.

이것은 무역 조건의 완화를 위해 상관장이 풍설서에 서명하기를 거부했던 드문 사례다. 나가사키 부교를 곤란하게 만들고자 풍설서에 서명하길 거부했던 것이었으나 결국 설득당해 그 날 중으로 서명한 것이다. 계획대로 되진 않았지만 거꾸로 생각해보면 일부러 현지 역인 중 최고위직인 마치도시요리가 데지마에 와서 필사적으로 설득해야 할 정도의 사건이었다. 시급하게 에도에 보내야 하는 풍설서에 상관장의 서명이 없으면 부교뿐만 아니라 현지 역인들도 질책을 받게 되기 때문이다. 같은 해 11월 26일을 마지막으로 티칭은 일본을 떠나 벵골이나 중국 등지에서 근무한 후 유럽으로 돌아갔다.

4.15 일본에서의 철수를 검토하다

1801년 런던에서 친구인 단바후쿠치야마^{丹波福知山}의 번주 구쓰키 마사쓰나^{朽木昌綱}에게 티칭이 보낸 편지에는 다음과 같은 구절이 있다. 구쓰키 마사쓰나는 일본 굴지의 네덜란드어 실력을 갖고 있었다. 이 편지도 네덜란드어로 쓰였다.

제4장 위협은 가톨릭에서 '서양 근대'로

> 내가 중국에 체재하는 동안 유럽에서는 큰 전쟁이 발발해 마중나올 예정이었던 네덜란드 배는 바타비아에서 발이 묶여버렸습니다.
>
> 만일 전쟁이 일어나지 않았다면 나는 중국에서 바타비아로 돌아가 총독부에 의해 쇼군에게 파견하는 사절이 될 예정이었습니다. 이에야스와 히데타다의 통항허가증[주인장朱印狀]으로 회사에게 허락된 완전하고도 자유로운 상태에서의 일본 무역을 네덜란드의 회사가 할 수 있도록 청원하기 위해서입니다. 만일 무역조건의 완화를 획득할 수 있다면 180년 동안 무역을 허락해 온 쇼군의 후의에 감사하고 일본무역에서는 이익보다 손실 쪽이 많기 때문에 우리는 일본에서 어쩔 수 없이 철수하게 되었다고 설명하며 그래도 회사는 쇼군에게 선물을 헌상하고 일본 입장에서 중요한 유럽의 사건을 알려주기 위해 작은 배 한 척만을 3년에 한 번 보내고자 한다라고 선언하게 되었을 것입니다.

가령 통상관계를 파기한다고 해도 유럽에서 일어나는 일을 3년에 한 번 전하기 위해서라면 막부는 네덜란드인의 입국을 허가할 것이라고 일본통인 티칭은 예상하고 있었다. 물론 돌아가는 배에 짐을 싣지 않아 빈 배로 돌아가야 한다는, 즉 무역이익을 올리지 못하는 배를 네덜란드 동인도회사 정도나 되는 곳이 움직일 리 없다(게다가 회사는 1799년에 이미 해산). 그렇기 때문에 일본 측이 인정할 것인지 어떤지의 여부 이전에 이 안이 실현될 가능성은 없었다.

서명 거부도 이 안도 결국은 실현되지 않았지만 티칭이 풍설서에 대해 가졌던 높은 평가나 큰 기대를 보여준다. 쇼군이 무역을 허락하고 있는 것은 네덜란드인이 가져온 정보(풍설서)가 갖고 싶어서라고 티칭은 막부의 논리를 어떤 의미에서 바르게 이해하고 있다. 그리고 네덜란드가 가진 교섭의 무기로서 네덜란드–일본 무역의 재흥에 풍설서를 이용하고자 생각했던 것이다.

네덜란드 동인도회사는 대일무역을 단념하고 철수하는 일을 몇 번이나 진지하게 검토했다. 대일무역의 규모가 작아지고 이익도 나지 않게 되었기 때문이다. 그럼에도 불구하고 철수라는 결단을 끝내 내리지 못했던 이유는 두 가지가 있다고 생각된다.

첫째, 일본에서는 상관의 방비를 위해서 성벽을 짓는 등 무장할 필요가 없었기 때문이다. 18세기말 회사는 막대한 채무를 끌어안고 있었지만 그 최대 원인은 군사비였다. 경비가 적다면 이익이 별로 나지 않는다고 해도 유지할 수 있다. 일본에서는 나가사키항에 들어서자마자 무장 해제되지만 그만큼 네덜란드인의 안전은 쇼군이 완전하게 보장해줬다. 그 덕분에 데지마와 같은 무방비한 상관이라도 존속할 수 있었던 것이다.

둘째, 네덜란드인은 일본 시장의 잠재적 가능성에 기대를 걸고 있었고 막부의 무역 통제만 없어지면 이익이 발생할 것이라고 계속 믿고 있었다. 그렇기 때문에 일본과의 독점적인 관계를 완전히 끊어내고 싶지 않았던 것이다. 네덜란드가 끊어버리면 다른 유럽 국가가 대신할 것이라고 추측되었다. 왜냐하면

제4장 위협은 가톨릭에서 '서양 근대'로

일본인은 정보를 제공해주는 유럽 국가를 적어도 하나는 필요로 하고 있음을 알았기 때문이다. 그런 만큼 티칭은 풍설서를 교섭의 협상패로서 무역 제한을 완화시켜 줄 것을 요구하려 했던 것이다.

4.16 동인도회사의 소멸

1796년부터 1807년까지 10년 이상에 걸쳐 네덜란드(1799년까지는 네덜란드 동인도회사, 그 이후는 바타비아 공화국 식민지 정부)는 일본에 거의 배를 보낼 수 없었다. 그래서 항해 도중에 영국 배에 나포되기 어려운 중립국(미국이나 덴마크, 독일의 한자 도시 브레멘)의 배를 고용해서 일본 무역에 댔다.

1800년 신임 상관장 빌럼 바르데나르 Willem Wardenaar 가 부임하지만 전 해에 동인도회사가 해산했다는 일은 일본인에게 비밀로 부쳐진 상태였다.

바르데나르는 1803년에 떠나 바타비아로 돌아갔다. 이 때 상관장의 직무를 인계한 것이 헨드릭 두프 Hendrik Doeff 다. 재임 중 1804년에 러시아 사절 니콜라이 레자노프가 나가사키에 내항하는 사건과 1808년에 마카오 점령 중이던 영국 함대 한 척인 페이튼 Phaeton 호가 나가사키 만에 침입하는 사건이 일어났다. 한편 1811년 영국의 벵골 부총독인 스탬포드 래플스 Stamford Raffles 가 바타비아를 점거해 1816년까지 자바를 지배했다. 1810-1816년에는 네덜란드 배는 전혀 내항하지 않았다.

두프는 후임자가 오지 않았기 때문에 1803년부터 1817년까지 그 자리를 담당했고 위기에 처한 나가사키의 네덜란드 상관을 지켰다. 무역에 의존하는 나가사키 마치^町 그 자체도 곤경에 빠졌지만 상관의 곤궁함은 더욱 심각했다. 그 사이 거의 무역 거래가 불가능했고 생활비조차 일본에서 빌릴 수밖에 없었던 상관원에 대해 일본인은 계속 우애의 정으로 대했다 (『두프 일본 회상록』).

에도시대 내내 풍설서는 대체로 올바른 정보를 전했다. 지금까지 서술해 온 대로 18세기 초까지 네덜란드인은 거짓말을 하고 싶기도 했지만 알고 있는 사실을 그대로 말할 수밖에 없었다. 동남아시아에서 내항하는 당선이나 밀항 선교사라고 하는 다른 정보원이 병존했기 때문이다. 18세기 중반에는 거짓말을 할 필요가 없어졌다. 그리고 불리한 일은 침묵하기만 하면 문제가 되지 않았다.

그런데 18세기 말이 되자 침묵으로는 해결이 안 되어 거짓말을 해야만 하는 사태가 일어났다. 유럽에서 일어난 세계사적인 대사건이 그 원인이었다.

4.17 조작된 프랑스 대혁명의 정보

프랑스 대혁명이 최초로 언급된 것은 1794년이다. 해당 해의 풍설서에서 관련된 부분을 살펴보자.

프랑스국의 신하된 자들이 도당^{徒黨}을 만들어 국왕 및

제4장 위협은 가톨릭에서 '서양 근대'로

> 왕자를 시해하여 나라 안을 어지럽혔다고 하기에 네덜란드국과 그 밖의 가까운 나라에서도 프랑스에 들이닥쳐 전투를 벌이게 되었다는 소식을 전해드리오며 카라파에서도 군선 등을 파견했다고 합니다. (『네덜란드 풍설서 집성』)

일반적으로 머나먼 유럽의 소식이라고 해도 1년 후에는 풍설서에 언급되는 것이 보통이었다. 그러나 프랑스 대혁명의 소식 보고에는 1789년의 바스티유 감옥 함락으로부터 5년 가까이의 시간이 걸렸다. 이 점을 강조하는 연구도 있다. 다만 글의 내용을 보면 "국왕 및 왕자를 시해"했다는 부분에 주안점이 있다는 사실을 알 수 있다. 루이 16세가 처형되는 것은 1793년이고 그때까지는 보고할 만한 대사건이 일어났다고 네덜란드인도 생각하고 있지 않았을 수도 있다. 근대적인 의미에서의 '혁명'이라는 말은 아직 존재하지 않으며 거기서 일어난 일의 의미 등이 제대로 파악되었을 리가 없기 때문이다.

이듬해인 1795년의 풍설서는 제1장에서 소개한 것처럼 "하나, 작년에 말씀 드린 프랑스의 전쟁은 아직 평화 상태에 이르지 못했으므로 …"라고 되어 있으며 혁명이라기보다는 프랑스와 주변 국가들 간의 전쟁을 주로 한 서술 방식이다. 1794년에 프랑스 혁명군의 침공을 받은 네덜란드에게 있어서는 혁명보다도 전쟁 쪽이 중대한 관심사였다.

1796년에는 네덜란드선이 내항하지 않아 풍설서가 없었다. 현존하는 유일한 정본이 있는 1797년의 풍설서에는 다음과 같이 적혀 있다.

> 하나, 프랑스국의 신하들이 도당을 만들어 국왕 및 왕자를 시해하고 나라 안을 어지럽혔기 때문에, 네덜란드국과 그 밖의 가까운 나라에서도 프랑스에 밀어닥쳐 전투를 벌였다는 소식을 지난 인년[1794]에 말씀드렸습니다. 그 결과 신하·역도逆徒들을 토벌하고 왕손 중에서 국주國主를 옹립하여 옛 신하가 수호하여 나라 안이 겨우 평화로워지고 있습니다. 이로써 가까운 나라와 화목하게 지내고 있습니다. 그런데 영국에서 대군을 일으켜 네덜란드국에 들이닥쳐 전쟁을 벌이게 되었고 네덜란드령 상관 곳곳에 난입한데 더해 벵골국 및 코스트의 두 상관을 가로챔으로써 점점 더 전쟁이 격화되고 있습니다.

앞부분은 1794년의 풍설서와 거의 동일하다. 이 일본어문 풍설서를 읽어보면 마치 이 해에 왕정복고가 일어났던 것처럼 읽히지만 그것은 사실이 아니다. 또한 이 풍설서에는 영국에서 네덜란드로 대군이 간 것처럼 쓰여 있지만 본국에서 그런 일은 없었다. 그러므로 영국 동인도회사의 군대가 벵골과 코로만델 해안의 네덜란드 상관을 점령했다는 일에 중점이 놓여있다고 읽어야 할 것이다. 무엇보다 네덜란드인도 본국이 위기에 처해있다고는 말하고 싶지 않았던 것이다.

4.18 레자노프 내항 예고 정보

러시아 사절 레자노프의 내항은 그보다 두 달 정도 전에 네덜란드 상관장이 나가사키 부교에게 알렸다. 상관장 두프의 일기

제4장 위협은 가톨릭에서 '서양 근대'로

중 1804년 8월 8일 조를 보자.

> 배의 도착 후 나는 즉시 고나이요가타御內用方 대통사인 나카야마 사쿠사부로中山作三郎와 이시바시 스케자에몬石橋助左衞門을 불러 다음과 같이 전했다. 즉 프랑스 공화국과 동맹관계에 있는 네덜란드와 영국과의 사이에 다시 분쟁이 일어났는데 신속하게 끝날 것이라는 소문이 돈다라고 하며, 내가 이런 얘기를 풍설서에 첨부해 제출해야 할지 아닐지 그들은 어떻게 생각하는 지에 대해서 물었다.
>
> 그들은 오래도록 이야기를 나눈 후 이를 지금 알리면 큰 곤란이 발생하기 때문에 이 건에 관해서는 조용히 하는 쪽으로 의견이 일치했다.
>
> 동시에 만일 내가 이 일을 알리지 않았는데 소문이 퍼져서 한층 더 나쁜 상황이 되지는 않을지 생각해줬으면 좋겠다고 그들에게 제안했다. 그에 대해 그들은 다음과 같이 답했다. 그렇게 되어도 일절 문제는 없다, 왜냐하면 내가 풍설서에 그 내용을 적지 않는다면 다른 누가 무엇을 말해도 신빙성이 없다고 간주될 것이기 때문이다라고.
>
> 또한 나는 다음과 같이 말했다. 러시아 황제의 사절이 탄 두 척의 러시아 배가 세계일주 항해에 나섰고 아마 이곳 일본으로도 올 것이라 생각된다, 여기에 관해 그들은 어떻게 생각하는가라고. 여기에 대해서는 침묵하기보다는 알리는 쪽이 회사의 이익이 될 것이다, 그렇게 하면 쇼군이 매년 네덜란드인에게 내린 명령, 즉 어느 나라이든 일본을 향해 공격하거나 사절을 파견하려고 한다는 말을 들으면 곧바로 알리라고 한 명령을 엄수하

고 있다는 증거가 되기 때문이다, 이는 쇼군이 기뻐할 것이기 때문에 네덜란드인이 손해보는 일은 없을 것이다라고 그들은 말했다.

밤 10시 가까이에 통사들 전원이 쇼군에게 보낼 풍설서를 채록하러 왔다. 이 때 나는 영국과의 화평 파기에 관해서는 침묵하고 러시아 배의 내항과 그 밖의 통상적인 풍설을 알렸다. (『나가사키 네덜란드 상관 일기』 참조)

1802년에 나폴레옹이 영국과 맺은 평화조약(아미앵 조약)은 이듬해에는 파기되었다. 영국과 프랑스·네덜란드와의 사이에서 다시 전쟁이 일어났다는 정보는 통사들의 반대로 풍설서에 담기지 않았다. 참고로 고나이요가타 통사란 쇼군을 위해서 수입품을 선별하여 우선적으로 사들여 에도에 보내는 목적으로 설치된 직무로 나가사키의 네덜란드 통사가 맡았다. 19세기에 들어서도 여전히 '통상' 풍설서는 네덜란드어로 된 문서를 건네고 나머지는 통사에게 맡기는 것이 아니라 쌍방의 의논 하에 최종적으로 결정되었음을 알 수 있다. 더욱이 만일 풍설서에 적혀있지 않은 내용이 소문날 경우에도(이는 네덜란드 상관의 상관원으로부터 일본인에게 비정규 경로로 전달되는 것을 상정하고 있다고 여겨진다) 통사가 보기에 그것이 문제가 되는 일은 없다고 생각한다는 점도 주목할 만하다. 1660년대에는 풍설서에 쓰여있지 않은 일이 소문나면 문제가 되었었는데 풍설서의 황금시대에 권위가 높아지면서 이 시기에는 상관원의 소문 정도는 문제가 되지 않았던 것으로 보인다.

한편 러시아 배가 내항한다는 정보는 통사를 거쳐 나가사

제 4 장 위협은 가톨릭에서 '서양 근대'로

키 부교에게 전달되었다. 마쓰모토 에이지^{松本英治}에 의하면 그럼에도 불구하고 이 예고 정보는 에도에 전달되지 않은 채 나가사키 부교의 손에 남아 있었다. 게다가 실제로 레자노프가 내항해 에도에서 온 상사 도야마 가게미치^{遠山景晋6)}에게 전년 예고 정보가 있었다는 사실이 알려졌을 때도 나가사키 부교가 처벌된 흔적은 전혀 없다. 네덜란드인에 대해서도 러시아인이 올 것이라고 사전에 알렸다는 사실을 매우 만족스럽게 생각한다라는 말이 나가사키 부교로부터 통사를 매개해 전달되었다.

나가사키 부교가 정보를 취사선택해 에도에 전하는 일은 에도의 막부 관료들도 어느 정도 인정한 일이었다. 특별히 나가사키 부교의 태만이라고 질책할 만한 일은 아니었던 것이다. 아마도 에도에 전할 것인지 아닌지는 나가사키 부교의 재량에 맡길 수밖에 없다고 막부는 생각했던 것이 아닐까. 이건 전해야 한다, 저건 전하지 않아도 된다라는 기준을 사전에 설정해두기란 매우 어려운 일이다. 그렇기 때문에 결과적으로 웬만한 문제가 일어나지 않는 한 방치한 것이리라.

4.19 페이튼호가 가져온 정보의 파문

1808년 10월 4일 네덜란드 국기를 내건 정체불명의 배가 나가사키 만에 진입했다. 영국선 페이튼^{Phaeton} 호였다는 사실이 나중에 판명되었다. 이 배는 네덜란드 상관원 2명을 인질로

---

6) [원주] 드라마 《도야마의 긴상(遠山の金さん)》의 모델인 도야마 가게모토(遠山景元)의 아버지.

삼아 항구 내에 네덜란드선이 있는지 없는지를 탐색했다. 그리고 물이나 음식을 손에 넣자 인질을 돌려보내고 10월 6일에 나가사키를 떠났다. 페이튼호의 선장은 떠나면서 헤르만 단덜스Herman Dandels 가 네덜란드령 동인도 총독으로 바타비아에 착임했다는 사실 등을 상관장 두프에게 적어 보냈다. 두프는 "부교에게 내가 이해한 만큼에서 그 짧은 편지의 내용을 알렸다"(『나가사키 네덜란드 상관장 일기』).

일주일 후에 통사들이 두프를 방문했다. 영국선의 선원이 출발 직전에 말했던 프랑스 황제의 동생이 네덜란드 왕이 되었다는 이야기의 진위를 확인하기 위해서였다. 이 아슬아슬한 질문에 두프는 순간 답변하기 곤란했다. 왜냐하면 전년에 두프는 이 일을 일본 측에 알리지 않았기 때문이다. 그래서 작년에 그런 소문이 있었지만 그 때는 아직 정식으로 알려지지 않았다, 이는 결국 우리의 적인 영국인이 한 얘기이기 때문에 사실일지도 모르지만 확증은 없다라고 대답해 두었다.

게다가 닷새 후인 18일, 두프는 페이튼호가 오로지 네덜란드선을 약탈하기 위해서 일본에 온 것뿐이기 때문에 혼란의 원인은 네덜란드인이라는 소문이 돈다는 사실을 알게 되었다. 그리고 이 소문이 장차 네덜란드인에게 피해가 되지는 아닐지 생각했다. 두프는 다음과 같이 적었다.

> 영국선 내항의 원인은 (최신 정보에 의하면) 영국의 동맹국이자 지금은 일본의 적이기도 한 러시아인 때문이라고 말해보고 소문이 조금이라도 줄어드는지 어떤지 상황을

보는 것이 좋겠다고 생각했다. (『나가사키 네덜란드 상관 일기』 참조)

러시아 황제 알렉산더 1세는 1801년 이후 영국과 동맹관계였지만 1807년에는 나폴레옹과의 전쟁에 패배해 프랑스와 화해하고 영국에 대해 선전포고했다. 그러므로 영국과 러시아의 동맹은 1808년 시점에는 옳지 않다. 더군다나 일본의 영토를 빼앗기 위해 영국과 러시아가 협력하고 있다는 것은 네덜란드의 평판을 떨어뜨리지 않기 위해 두프가 고안해 낸 거짓말이다.

4.20 거짓말을 관철시킨 상관장

1809년 2월 에도에 나가있던 통사가 상관장에게 질문해야 할 내용을 로주로부터 극비리에 지시 받아 돌아왔다. 여기에 입각해 막부 내에 도는 소문에 관해 해명을 하도록 통사는 두프에게 종용했다. 그 골자는 네덜란드와 식민지는 영국인에게 정복되었으며 또한 최근 몇 년 동안 일본에 왔던 미국 선박이 모두 영국 소유였다는 것이 정말인지를 묻는 것이었다. 그 배경에는 페이튼호 사건에 기인하는 막부의 영국에 대한 혐오감이 있었다. 또한 두프는 "전쟁은 왜, 언제 일어났는가", "오라녜 공은 지금 어디에 있으며, 왜 네덜란드에 없는가"(『나가사키 상관 일기』 참조)라는 질문도 받았다.

두프는 대단히 곤혹스러워 하면서도 하루의 유예를 구해 답변할 내용을 숙고했다. 그리고 가능한 한 사실을 전달한다는 방침을 굳혔다.

다음 날 이후 두프는 통사들의 질문에 답하며 여러 사실들을 얘기했다. 초점이 된 것은 미국이 독립국인지 여부였다. 당시 일본인이 가지고 있던 지리학 책에는 미국은 영국 식민지인 상태였고 그때까지의 네덜란드 풍설서도 미국의 독립을 보고하지 않았던 것이다. 통사들은 증거로 최신 지리학서의 제시를 구했지만 두프의 수중에는 그것이 없었다. 미합중국 정부가 발행한 달러 화폐를 보여주어 겨우 설득에 성공했다.

1809년의 풍설서에는 아래와 같은 기사가 있다.

> 하나, 프랑스 국왕의 동생 루이 나폴레옹이라는 자가 네덜란드국에 양자로 가서 국주로 옹립되었다고 한다. 또한 카라파의 제네럴 알베르튀스 비서$^{Albertus\ Wiese}$는 본국에 보내졌고, 그 대신 헤르만 빌럼 단덜스라는 자가 본국에서 와서 제네럴 역을 맡았다고 한다.

나폴레옹의 동생 루이(네덜란드어 이름은 로드베이크)가 네덜란드 왕으로 즉위하고 단덜스가 동인도 총독으로 착임했다는 내용이다. 단 루이는 네덜란드에 양자로 왔다는 식으로 각색되었다.

제4차 영란전쟁과 이를 잇는 프랑스 혁명과 나폴레옹 전쟁의 영향으로 네덜란드선이 거의 나가사키에 오지 않는 상황이 10년 이상 계속되었다. 네덜란드선이 오지 않기 때문에 일본 상관 자체가 유럽이나 아시아의 정보에 뒤처지게 되어 무슨

제 4 장 위협은 가톨릭에서 '서양 근대'로

일이 일어나고 있는지 잘 모르는 상태였던 것이다. 상관장은 알고 있는 정보를 이어붙이고 필요에 따라 사정에 맞게끔 고쳐서 얘기했지만 충분하지 않을 수밖에 없었다.

4.21 새로운 위협으로서의 '서양 근대'

이렇게 만성적인 정보 부족 상태 속에서 나가사키 부교나 통사들은 러시아선이나 영국선의 선원에게도 세계 상황을 질문했다. '서양 근대'의 파도에 접촉함과 동시에 막부는 네덜란드 풍설서에 대항할 수 있는 새로운 정보원을 손에 넣었다. 러시아선이나 영국선이 새로운 정보 제공자로서 등장한 이상, 네덜란드인도 거짓을 관철시키기는 어려웠다.

러시아인이나 영국인이 말하는 내용을 나가사키의 역인들이 무조건 믿었던 것은 아니다. 그들로부터 들은 내용에 기초해 나가사키 부교의 이름으로 두프에게 국제 정세를 날카롭게 질문했다. 두프는 엄청난 질문에 겨우 대답하면서 수십년간 계속된 네덜란드의 정보 제공 독점이 무너졌음을 깨닫지 않을 수 없었다.

그는 오라녜공이 망명중이라는 사실, 미합중국이 독립했다는 사실 등에 관해서 아는 한도 내로 대답했다. 하지만 네덜란드 동인도회사가 해산했다는 것에 대해서는 끝내 말하지 않았다. 그리고 영국과 러시아가 동맹을 맺었다는 식의 줄거리로 막부를 설득하려 했다.

4.21 새로운 위협으로서의 '서양 근대'

1817년 실로 8년 만에 명실상부한 네덜란드선이 내항했다. 같은 해 풍설서는 다음과 같다.

> 지난 사巳년[1809]에 말씀드린 대로 프랑스 국왕의 동생인 루이 나폴레옹이라는 자가 네덜란드에 양자로 가서 국주로 옹립되었지만 사망했기 때문에 이전 왕인 프린스 판 오라녜〔관명〕의 혈통인 자를 네덜란드 국왕으로 바꾸고 국정 등을 30년 이전으로 회복했습니다. (『네덜란드 풍설서 집성和蘭風說書集成』)

아직 살아있는 나폴레옹의 동생 루이를 죽은 것으로 만들어 망명해있던 오라녜 공이 국왕으로 돌아왔다는 사실과 앞뒤를 맞추고 있다.

이 장에서 취급했던 백 년 정도 사이에 로마 가톨릭에 대한 막부의 두려움은 모습을 감췄다. 그리고 두려움의 대상은 조용히 다가오는 '서양 근대'의 그림자로 옮겨 가고 있었다. 그렇다고는 하지만 1810년대에는 프랑스도 러시아도 산업혁명을 달성하지 못한 상태였고 네덜란드에서 시민혁명이 일어났다고 말하기도 어렵다. 그래서 내가 '서양 근대'라고 부르는 것은 "산업혁명과 시민혁명을 거친 유럽"이 아니다. 그것은 당시 일본인이 막연하게 느끼고 있던 새로운 움직임이다. 구체적으로는, 왜 그런지 몰라도 전보다 빈번해진 보급이나 통상을 요구하며 일본 근해에 찾아오는 강력하게 무장한 서양 범선들로 상징되는 것이다.

제4장 위협은 가톨릭에서 '서양 근대'로

18세기 후반 이후 네덜란드인에게 가장 큰 위협은 포르투갈인에서 영국인으로 완전히 옮겨 갔다. 당시 영국은 인도에서의 우위와 자국의 공업 생산력 그리고 강대한 해군력으로 다른 나라들을 압도했다. 예를 들어 영국 공장에서 생산되는 사라사更紗는 인도산 사라사를 능가하게 되었다. 한편 네덜란드는 인도의 거점을 잃고 네덜란드선이 나가사키에 가져가는 사라사도 영국에서 사들이지 않으면 안 되었던 것이다. 네덜란드 본국에서 영국은 위협이라는 정도를 넘어 결코 적으로 만들고 싶지 않은 상대가 되어 있었다.

다만 유라시아 대륙의 동쪽 끝에 있는 섬나라 일본에서는 조금 사정이 달랐다. 막부 정책으로 인해 나가사키에 내항할 수 있는 서양 선박은 여전히 네덜란드선 뿐이었다. 게다가 페이튼호 사건으로 인해 영국인에 대한 일본인의 감정은 악화되어 있었다. 네덜란드인이 영국인과 대항할 수 있는 여지가 일본에서는 아직 존재했던 것이다.

그리고 일본 무역에서 네덜란드선의 최대 경쟁 상대는 17세기부터 19세기까지 일관되게 중국선이었다. 19세기의 중국선은 광저우廣州에서 구입한 영국산 사라사를 사포乍浦에서 나가사키로 수입하고 있었던 것이다.

제5장

별단 풍설서

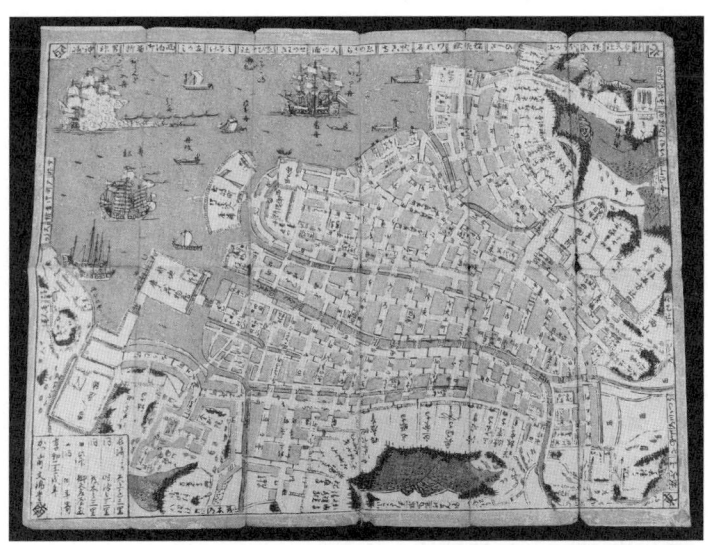

그림 1 《나가사키도(長崎圖)》 (1821년, 고베시립박물관)

제5장 별단 풍설서

5.1 아편전쟁의 발발

1830년대부터 40년대 전반에 걸쳐서 동아시아 해역의 정보는 크게 변화했고 그와 더불어 풍설서의 역사도 새로운 단계에 들어간다. 그 배경을 살펴보자.

1834년에 그때까지 영국 동인도회사가 영국 정부로부터 인정받은 중국 무역의 독점기한이 끊기자 아시아 역내의 무역에 종사하는 다양한 영국 상인이 중국 무역에 참가하게 되었다. 여기에 부수적으로 중국에서 유일하게 구미에게 열려있던 무역항인 광저우(칸톤)에는 영국의 무역 감독관을 두게 되었다. 중국에서 활동하는 영국인 상인들은 이를 계기로 무역 범위의 확대를 바랐고 영국 본국에서 목면 등의 공업 제품을 생산하는 공장주들의 지지를 받았다. 1837년 영국 무역 감독관의 의향에 따라 미국선 모리슨호가 일본에 접근하기 위한 구실로 쓰고자 보호 중이던 표류민을 데리고 일본 연안에 내항했다. 그러나 포격을 받아 어쩔 수 없이 귀환했다(모리슨호 사건).

1838년 10월 이후 청 정부는 광저우에서의 아편 무역 단속을 강화했다. 1839년 3월에는 흠차대신欽差大臣[1] 임칙서林則徐가 광저우에 착임했다. 구미인 상인에게 아편의 제출과 향후 반입금지를 명하고 광저우의 상관夷館 지구를 봉쇄했다. 외국인 측이 아편 인도에 응했기 때문에 긴장은 완화된 것처럼 보였지만 같은 해 11월에 최초의 무력 충돌인 촨비川鼻 전투가 일어났

---

[1] [원주] 대외관계의 안건에 관해 임시적으로 임명된 고관.

다. 1840년 2월 즈음 영국 정부는 원정군의 파견을 결정하고 6월에는 본격적인 전투가 개시되었다. 전쟁은 중국 측의 대패로 끝난다. 1842년 8월에 영국 측 전권 헨리 포틴저$^{Henry\ Pottinger}$와 중국 측 대표인 흠차대신 기영耆英에 의해 남경조약이 조인되었다. 이 조약으로 홍콩을 영국에 할양하고 상하이와 푸저우 등 다섯 항구의 개항이 정해졌다. 1840년대 중반의 유럽에서는 영국의 다음 표적이 일본이라는 소문이 퍼졌다.

위 내용에 네덜란드의 움직임을 겹쳐 보자. 1839년 3월 광저우의 상관지구에서 중국인의 아편 밀매상이 처형되고 이에 더해 유럽 상인은 무기를 압수당한다고 하는 소문이 돌았다. 이 때문에 광저우 주재 영사인 마흐달레뉘스 센 판 바설$^{Magdalenus\ Senn\ van\ Basel}$은 강한 위기감을 느꼈고 네덜란드 신민을 보호하기 위해 바타비아의 동인도 정청에 군함 파견을 요청했다. 그러나 5월 정청은 경비가 너무 많이 든다며 그 요청을 각하했다. 그리고 판 바설은 1839년 중에 바타비아로 돌아갔다. 아편 전쟁에 임해 네덜란드는 눈에 띠는 움직임을 드러내지는 않았지만 난징조약이 체결되자 무역 촉진을 위해 중국에 사절을 보냈다.

1815년 이후 네덜란드 왕국의 영토에 들어가게 된 남부 네덜란드가 1830년에 벨기에로 독립을 선언했다. 그로 인해 네덜란드는 1839년까지 독립 저지를 위해 군사 개입을 계속했고 그로 인해 재정이 악화되고 있었다. 벨기에는 당시 이미 산업 혁명을 달성했고 공업 선진 지역으로 인구도 많았기 때문에

제 5 장 별단 풍설서

벨기에 독립으로 네덜란드의 세수입이 격감했던 것이다. 1840년대의 네덜란드는 심각한 재정 위기에 빠져 식민지에서 오는 수입으로 겨우 재정 파탄을 면하고 있었다. 1830년대 자바에 강제 재배 제도가 도입되어 수탈이 강화되었기 때문에 가능한 일이었다. 그러나 식민지도 평안하지는 않았고, 1824년의 런던 조약으로 영국과 네덜란드간의 세력 경계선이 확정되지 않았던 보르네오 섬에 대한 이권은 1841년에 영국이 가져갔다.

일본에서는 1824년에 영국인이 히타치常陸 오쓰大津 해변에 상륙해 막부를 자극하고 이듬해 1825년에는 이국선異國船 타불령打拂令이 발포되었다. 그 후 1837년에 일어난 모리슨호 사건과 영국에 의한 오가사와라小笠原 제도 점령과 같은 움직임에 의해 막부 내의 영국에 대한 긴장감은 고조되었다. 그러나 아편전쟁 후 영국이 일본을 침공할 지도 모른다는 정보에 입각해 1842년 막부는 신수薪水급여령[2]을 내리고 이국선의 취급 방침을 완화했다. 신수급여령의 내용은 상관장으로부터 바타비아를 거쳐 본국에도 전달되어 네덜란드 정부는 국왕 빌럼 2세의 친서를 막부에 보내기로 결정한다. 1844년 8월에는 친서를 실은 군함 팔렘방Palembang 호가 나가사키에 도착했다.

---

[2] 외국 선박에게 땔감과 물을 제공한다는 의미.

5.2 '통상' 풍설서의 네덜란드어 문서 부본

격동하는 동아시아 정세 속에서 1834년 이후에 이미 제출한 풍설서의 내용을 네덜란드어로 기록해 둔 것이 남아 있다. 이들은 "제출한 정보[풍설서]·적하積荷 송장·승선원 명부"라는 표제로 하나로 철해져 있으며 데지마의 상관에 보관되어 있었다.

일본 측에서는 18세기부터 풍설서·적하 송장·승선원 명부 세 가지는 한 세트로 취급되었다. 1830년대가 되자 네덜란드 측도 이 셋을 하나의 묶음으로 생각하게 된 것인지도 모른다. 네덜란드의 대일 무역은 동인도회사에서 동인도 정청으로 인계되어 일단 원래 상태대로 돌아왔다. 네덜란드 상관에게 있어서 정보 제공은 여전히 중요한 임무였다. '들어가는 말'에서 인용한 메일란의 책이 출판된 것은 1833년의 일이다.

1840년 6월 26일, 막부는 나가사키 부교에게 명하여 풍설서를 에도에 보낼 때 네덜란드어 문서를 첨부하도록 지시했다. 이 명령의 네덜란드어 번역은 "수석 마치도시요리町年寄 다카시마 시로다유高嶋四郎太夫 슈한秋帆님에 의해, 네덜란드인에게 부여된 수석 로주로부터 나가사키 부교에게 보낸 통지서의 번역"으로 상관에 전해졌다. 문면은 "금후 정보를 제공하는 서면에는 네덜란드어를 붙여서 상주해야 함"이었다. 네덜란드어문을 첨부해서 보내라는 명령이 내려진 것은 '통상' 풍설서였으리라 생각된다.

제5장 별단 풍설서

　이 법령이 나온 것은 후술하는 5월 26일자 총독 결정의 겨우 한 달 후다. 상호 연락에 한 달 가까이를 필요로 했다는 점을 생각하면 이 법령에 의해서 동인도 정청에 별단 풍설서의 송부가 결정되었다고는 생각할 수 없다. 그러므로 이 법령이 다음 페이지에서 취급할 별단 풍설서 성립의 직접적 원인이라고 생각하는 것은 무리일 것이다.

　다만 사토 쇼스케佐藤昌介의 연구에 의하면 이 명령이 막부의 덴몬가타天文方[3] 시부카와 로쿠조澁川六藏(히로나오敬直)가 그 전해에 제출한 상신서上申書를 반영하고 있음은 틀림없다. 시부카와의 상신서 중 제1조는 "네덜란드인에게 상세한 풍설서를 봉인해서 제출하게 만든 다음, 제출시켜 이를 에도에서 번역시키는 것이 어떨까" 라는 것이었다. 상세한 내용을 서면으로 제출하게 만든다는 점에서 시부카와 상신서의 취지는 별단 풍설서의 성립을 앞지르고 있다. 시부카와의 의견이 비공식적으로 동인도 정청에 전해져 별단 풍설서라는 형태로 실현되었을 가능성도 없지는 않다. 이 경우 시부카와의 상신서가 막부와 정청 양쪽의 명령을 유발했다는 말이 될 수도 있다.

　거듭 말하지만, 1840년의 막부 명령이 나올 때까지 일본 측에서는 '통상' 풍설서에 네덜란드어 문서가 필요하지 않았다. 네덜란드인의 구술을 일본어문으로 적을 때에 보조적으로 사용할 뿐이었다. 초고는 제공한 정보의 기록을 남기기 위해서 오히려 네덜란드 상관 측의 사정으로 작성된 것으로 추정된다.

---

3) p.266의 막부 관직 구조를 참조.

위의 막부 명령 이후로는 '통상' 풍설서의 정식 네덜란드어문도 에도에 보냈겠을 텐데 현재 확증은 없다.

5.3 총독의 결정

야스오카 아키오安岡昭男는 일본어문 사본(당시 통사에 의한 번역)을 토대로 별단 풍설서의 개요를 소개했다. 그의 연구는 '통상' 풍설서와 별단 풍설서를 구별해서 취급했다는 점에서 획기적이었다. 그러나 양자의 차이를 장단점으로 밖에 설명하지 못했다. 그래서 지금부터 네덜란드어 사료를 사용해 양자의 차이를 밝혀 나가보도록 한다.

1840년 5월 26일 네덜란드령 인도 총독은 대일무역을 종합적으로 재검토하는 결정을 내렸다. 그 중에 다음 조항이 있다.

> 올해 일본으로 가는 배가 출발할 때까지 칸톤, 싱가포르 등 각지의 정기 간행물을 수집하게 하여, 중국의 아편문제가 일으킨 여러 사건들에 관한 포괄적이면서 일본인도 이해할 수 있을 만한 간결한 보고를 상관장이 이용할 수 있도록 제공하기 위해 송부할 것을 식민국 장관에게 명령했다. 송부에 임해 해당 상관장이 별단 풍설서^{Apart Nieuws} 라는 이름으로 일본 당국에 그 보고를 통지하도록 하고, 또한 그 통지는 배가 도착한 직후에 통상 풍설서의 제공과 함께 서면 형식으로 실행하라는 [식민국 장관으로부터 상관장에게 내리는] 명령을 첨부할 것을 식민국 장관에게 지시했다.

제 5 장 별단 풍설서

 이 결정에서 눈을 끄는 것은 '정청 내에서' 해외정보를 적은 '서면'을 작성하도록 명했다는 점이다. '통상' 풍설서는 나가사키 데지마에서 작성되는 것으로 바타비아에서 일본으로 보낸 것이 아니었다. 정청의 결정·결의에 기초하여 바타비아에서 작성된 서면이 일본으로 보내졌다는 사실이 별단 풍설서가 '통상' 풍설서와 근본적으로 다른 점인 것이다. 그리고 그 정보를 '별단 풍설서'라고 부를 것을 정청이 명령하고 있다. 참고로 네덜란드어의 Apart에는 '별도로'와 '특별한'의 양쪽의 의미가 있다. 이를 두고 별단 풍설서가 성립했다고 말할 수 있다. 정청이 직접 정보를 선택하기로 결정했다는 사실도 중요하다.

 이러한 결정이 내려진 과정을 직접 보여주는 사료는 없지만 동인도 정청이 아편전쟁을 막부에 정확하게 전달해야 할 사건으로 인식하고 있었음은 확실하다. 상관장이나 통사 차원에서의 정보 조작을 배제하기 위한다는 측면도 있었을 것이다. 식민국은 정청내에 일본 무역을 담당하는 부서였기 때문에 이 일을 위탁 받았던 것으로 생각된다.

 식민국 장관 아래에서 작성된 최초의 별단 풍설서는 1840년 7월에 바타비아를 출발한 코르넬리아 엔 헤른리터^{Cornelia en Hernriette} 호로 나가사키에 전해졌다.

5.4 아편전쟁 정보로서의 초기 별단 풍설서

네덜란드 측 사료 중에 '중국의 아편 문제'라고 이름 붙여진 한 묶음의 문서가 있다. 데지마의 네덜란드 상관에 보존되어 있던 것이다. 내용은 1840년 이후 6년어치의 별단 풍설서 본문과 난징조약 및 그와 관련된 여러 규정의 조문이다. 난징조약은 원래 강화조약이므로 오구五口 통상장정·통과세에 관한 선언·세율표·후먼虎門조약과 함께 세트로 작동시키지 않으면 통상조약으로서는 제대로 기능하지 않는다. 그렇기 때문에 구체적인 무역의 조건을 알기 위해서는 난징조약뿐만 아니라 여러 규정도 함께 이해해 둘 필요가 있었다.

우선 별단 풍설서 본문에 관해 종래 알려져 있는 일본어문 사본(제출 당시의 번역)과 비교해보고자 한다. 1840년치 일본어문 사본의 제목은 "화란역수和蘭曆數 1838년으로부터 40년까지 중국에서 영국인 등의 아편 장사를 정지시키기 위해 일어난 두드러지는 기사를 여기에 적는다"라고 되어 있다. 네덜란드어의 표제 "1838년부터 1840년에 이르는 중국에서의 영국인의 아편 무역 금지에 관한 주요 사건의 보고"의 직역이다. 양자는 내용도 거의 일치한다.

1841년에 일본으로 향했던 미델뷔르흐Middelburg 호는 조난해 마카오에 도착하고는 일본 도항을 포기할 수밖에 없었다. 그로 인해 1841년에 보낼 예정이었던 별단 풍설서는 1842년의 송부본과 함께 이듬해 전달되었다. 매년 한 척으로 정해져 있었기 때문에 미델뷔르흐호의 불착을 메꾸기 위해 1842년에는 두 척이 일본에 내항했다. 상관장은 그 이유에 관해 쇼군에게 특히 청영淸英 관계와 관련된 해외정보를 더 확실하게 전하기 위해서이며 정보 제공은 이 나라에 있어서 지금 가장 중요하게 여겨지고 있을 것이기 때문이라고 설명했다.

5.5 난항하는 번역

정청이 준비했던 별단 풍설서의 네덜란드어 번역은 지극히 어려웠다. 1842년에 송부한 일본어문 별단 풍설서의 말미에는 다음과 같은 통사의 문장이 붙어 있다.

> 별단 풍설서의 일본어 번역문 올리는 일을 점점 재촉하시기에 밤낮으로 혼신의 힘을 다하고 있음에도 앞의 내용은 영국인의 일기를 그대로 네덜란드어로 옮겨 적은 서면이기 때문에 통상적인 일본어 번역문和解物과는 다릅니다. 게다가 내밀하게 말씀드려야 할 내용이기 때문에 누설되지 않도록 소수의 사람들끼리 힘닿는 대로 얘기한 내용이니, 아무래도 진척이 잘 되지 않아 겨우 반쯤 완성되었으므로 우선 이만큼만 바칩니다. 나머지 분량은 이번 달 17일에 사람을 보낼 때에 맞출 수 있도록 최선을 다하겠습니다. 이상의 내용을 서면으로 말씀드립니다. 이상.
>
> [덴포 13년(1843)] 인寅년 7월
>
> 메쓰케·대소大小통사 인
>
> (「아편초화록阿片招禍錄」)

● 5.5 난항하는 번역

밤낮으로 혼신의 힘을 다해도 전혀 번역의 진척이 없는 곤혹스러움을 밝히고 있다. 또한 영국인의 신문을 네덜란드어로 번역한 것이기 때문에 일본어 번역 방식이 다르다고도 말한다. 일본인과의 교류 상에서 쓰인 문장이 아니므로 모르는 부분에 관해 다시 묻는다거나 다른 표현을 써달라고 요청하는 방법을 취할 수 없어서 어려웠을 것이다. 본격적인 유럽 문장, 그리고 익숙하지 않은 용어가 통사들 앞을 가로 막고 있었다. 더군다나 이 번역은 '내밀'한 것이었기 때문에 한정된 멤버로만 작업해야 했고 다른 사람과 의논을 할 수 없었다. 이 해에 별단 풍설서의 번역에 관련된 인물은 니시키 쓰다유西喜津太夫·모토키 쇼자에몬本木昌左衛門·나카야마 사쿠사부로中山作三郎·이와세 야쥬로岩瀬彌十郎 등 14명이었다. '소수'라고 보기에는 많을 수 있는 정도의 숫자이지만 별단 풍설서는 2년 분이나 있어서 번역을 단기간에 끝내기는 어려웠다. 그래서 번역이 끝난 반 정도를 우선 에도에 보내고 나머지는 다음 히캬쿠飛脚 편에 보내기로 하고 있다. 네덜란드어 원문의 현대어 번역과 통사들에 의한 당시의 번역을 나란히 놓고 나중에 소개하겠지만 그들의 고생이 보통이 아니었다는 점을 이해해 줄 수 있을 것이라고 생각한다.

이들 두 통의 별단 풍설서를 일본에서 받아들인 방식에 관해서 상관장 에듀아르트 흐란디손Eduard Grandisson은 1842년 11월 20일자로 네덜란드령 동인도 총독 피터르 메르퀴스Pieter Merkus에게 보고서를 보냈다.

제5장 별단 풍설서

배가 도착하고 바로 1841년치와 42년치의 별단 풍설서를 나가사키 부교에게 건네주자 기다리고 있었다는 듯이 특별편으로 그것들을 에도의 막부에 보냈습니다.

중국의 아편 문제가 일으킨 일에 관해서 통사나 나가사키 부교쇼가 종종 물어왔습니다. 묻는 방식이 완곡해서 그 질문들이 다가오고 있는 위험에 대한 두려움에서 오는 것인지 아니면 단순한 호기심에서인지는 판단할 수 없습니다. 일본인은 대체로 가장 격한 감정조차 감춰두는 기술에 능하기 때문입니다. 그러나 어떠한 방법으로 영국은 이렇게 짧은 시간 동안에 중국군으로부터 빼앗은 대포를 못 쓰게 만들었는지 질문하거나, 나가사키 마치 도시요리인 다카시마 슈한이 일일이 허가를 받지 않고도 매년 쇼군의 이름으로 우리에게 각종 대포나 무기를 주문해도 된다는 막부의 명령을 받았음을 알게 되었기 때문에 나는 호기심이 아니라 두려움일 것이라고 생각합니다.

에도의 막부로부터 부교쇼에 도착한 명령서[신수급여령]의 네덜란드어 번역을 지난 9월 17일에 받아 들었을 때 나의 이러한 생각은 강해졌습니다. 이 문서에서는 일본 연안에 출현하는 열강의 선박을 향해 일본 측이 무례한 대응만을 한다면 유럽 열강과의 충돌이 일어날지도 모른다는 막부의 공포가 명백하게 읽힙니다. 그럴 경우 용감하지만 경험이 없는 일본인은 경험이 풍부한 유럽 군사기술의 위력에 아마도 맞서 싸울 수 없으리라는 확신을 막부는 별단 풍설서로부터 얻었는지도 모릅니다.

덧붙이자면 1840년 이후 바타비아에서 송부된 네덜란드어 문장의 별단 풍설서는 매년 나가사키에서 작성한 일본어 번역문을 첨부해 에도로 보내졌을 것이다. 그러나 막부에 제출된 '정본'은 네덜란드어문과 일본어문 모두 존재를 확인할 수 없다. 1859년의 에도성 화재로 소실되었을 가능성도 높다. 그렇기 때문에 우리가 통사에 의한 번역을 알고 싶을 때에는 사본에 의지하고 있는 것이 현상황이다.

5.6 네덜란드어문과 일본어문의 비교

이하 「주변신편籌邊新編」에 수록된 1845년을 예로 들어 완성된 일본어문 별단 풍설서를 보도록 하자. 「주변신편」은 아편 전쟁 이후의 대외관계사료를 모은 일본서和本 총서로 사가번 나베시마鍋島가에서 만든 것이라 생각된다.[4]

그 1845년의 별단 풍설서 본문은 상관장 피터르 빅$^{Pieter\ Albert\ Bik}$과 전임 상관장 요세프 레베이손$^{Joseph\ Henrij\ Levijssohn}$의 서명 뒤에 '서양 글자 문서'를 일본어로 번역했음을 증명하는 모토키 쇼자에몬 이하 통사 11명의 인장이 붙어있다. 그러므로 이것도 나가사키 통사에 의한 공적 번역의 사본임을 알 수 있다. 정본은 일본어 번역이 끝나는 대로 나가사키 부교가 에도에 보냈던 것으로 보인다.

이하 1845년 별단 풍설서의 한 개 조항에 관한 네덜란드어

---

[4] 사가번은 나가사키 경비를 담당한 번이었기 때문에 나가사키 부교로부터 직접 해외 정보를 얻기 쉬운 위치에 있었다. 막부 말기의 사가번 번주 나베시마 나오마사(鍋島直正, 1814~1871)는 나가사키 경비 강화를 위해 별단 풍설서 등의 필사본을 입수해 정보를 수집하고, 서양의 군사 및 과학 기술 도입에 힘쓴 인물이었다.

제 5 장 별단 풍설서

텍스트의 필자 번역과 당시 통사가 한 번역을 비교하여 소개해 본다.

《네덜란드어문 현대어 역》(네덜란드어에 부기된 영어는 남겨두었다)

중국 황제의 영토 내에 배속된 영국 여왕 폐하의 영사들은 그들이 부임한 항구의 경계 내에 한해 홍콩과 같은 [치외법권적] 벌금 200달러 이하 및 2개월 이하의 금고에 상당하는 모든 범죄와 위반에 대해 [영사] 재판권이 인정되었다.

만일 명예훼손·살인이나 그 밖의 대인對人 범죄에 기인하지 않는 민사적인 고발이라면 영사는 형량 500달러까지 판결을 내릴 수 있다. 그뿐만 아니라 그들은 유언을 검인하는 to grant probates 권한과 유산 관리장을 검인하는 권한을 갖는다. 나아가 [형량이] 무거운 사건은 홍콩의 고등재판소 Court of Judicature 에 맡기지 않으면 안 된다. 영사에게는 증언을 듣고 그 증언을 홍콩에 송치하는 일만이 허용된다.

또 하나의 정령政令은 홍콩의 부동산 소유권에 관한 갖가지 거래·유산처분·판결·명의 변경의 등기에 관한 규칙을 위한 것이다.

《일본어문》(〔〕은 할주)

하나, 중국에 있는 영국의 콘슈루〔관직〕는 그가 살고 있는 항구 단위에서 범죄자는 200달러의 과태료를 넘지 않거나 혹은 투옥 2개월 정도의 형량의 일이라면 홍콩〔지명〕의 항구처럼 개별적으로 처리할 것을 명령 받았다.

● 5.6 네덜란드어문과 일본어문의 비교

하나, 모든 상가는 통제하기 어렵고 살인이나 그 외 무도한 일에 대한 호소憖訴가 있을 때는 500달러〔달러는 앞과 동일〕를 내게 하도록 콘슈루가 처리하게 해야 한다. 또한 후히리후히카친〔겨루어 본다는 뜻〕 및 아도미니스타라치〔관리한다는 뜻〕의 서면도 취급하고 또한 중요한 일은 일단 조사하여 홍콩의 재판소에서 자초지종을 따져 밝혀야 한다는 뜻을 명령 받았다.

하나, 별단의 통보에서는 홍콩 지역이 영국에 속한다는 것 혹은 형사 범죄까지 문서로 정해 두었다.

이 해의 별단 풍설서의 내용은 후먼조약虎門條約에 규정된 영사재판권을 실제로 어떻게 운영할 것인지 등 식민지 홍콩의 건설에 관련된 실무 상세 사항을 다루고 있다. 나가사키의 네덜란드 통사는 물론 네덜란드어 문서를 쓴 바타비아의 정청 직원에게조차 어려운 내용이었음에 틀림없다. 참고로 중국에서의 영국의 영사재판권은 원칙적으로 현지 이심제였다. 각 조약항의 영사재판이 1심, 홍콩의 고등재판소가 2심이다. 그래도 해결할 수 없는 사건은 영국 본국에서 하는 3심에 맡겨졌다.

이 별단 풍설서는 영어 신문의 정보를 네덜란드어로 번역한 것이다. 이 네덜란드어문 텍스트에 'to grant probates'(유언을 검인하다), 'Court of Judicature'(고등재판소) 등 영어 원어를 부기한 부분이 보이는 것은 영어에서 네덜란드어로의 번역에 자신이 없었기 때문일 것이다(일본인은 영어를 읽지 못했기 때문에 무의미하긴 했지만). 영국과 청나라 관계의 중점이 전쟁에서 전후처리로 이행했기 때문에 1845년의 별단 풍설서는 막부의 관심과는 거리가 멀어진 내용이 되어버렸다.

이렇게 어렵고도 시시한 내용의 별단 풍설서를 번역했던 통사들이 얼마나 고생했을지는 아무리 짐작해보아도 헤아릴 수 없을 정도다. 결과적으로 네덜란드어 문장을 겨우 일본어 문장으로 고치는 정도의 번역밖에 할 수 없었다. '영사'라는 일본어가 아직 없었으므로 '콘슐consul'을 그대로 가타카나로 쓰고는 '직책 명'이라는 할주를 붙였다. '홍콩'에는 '향항香港'이라는 한자를 쓴다는 점도 아직 몰랐다. 영어의 'administration'(관리)에 해당하는 'administratie'도 '아도미니스타라치'라고 표기해 가타카나인 채로 두었다. 무엇보다도 할주의 '지배하다支配する'는 에도 시대에 '관리하다'라는 의미를 가졌으므로 나쁘지는 않지만, '민사'·'유언의 검인'·'부동산 소유권' 등은 이해했다는 흔적이 전혀 없다. 한편 '고등재판소'를 '재판소'라고 하는 등, 현재 일본어에 가까운 번역어가 쓰인 경우도 있다. '벌금'을 '과료過料', '금고禁錮'를 '입뢰入牢'라고 쓴 것도 적확한 번역이라고 할 수 있다.

5.7 통사 번역의 특징

1845년의 별단 풍설서는 그 전 해에 일어난 일을 다루고 있다. 즉 새로운 식민지의 제도를 굳히기 위해서 영국의 홍콩 정청이 잇달아 내린 정령政令·각 개항지에서 일어난 밀수나 살인·홍콩 총독의 교대와 신총독의 동정·그리고 개항지에서의 무역 양상 등이다. 전체적으로 일본 측의 흥미와 합치하지 않을뿐더러

● 5.7 통사 번역의 특징

그때까지 무역 관계의 번역만을 하던 나가사키의 통사에게는 버거운 내용이었다.

당시에는 '서양 근대'의 제도나 사물을 표현하는 어휘가 아직 없었다(번역어가 만들어지고 정착하는 것은 언제인가라는 흥미로운 문제이긴 하지만 이 책이 다루는 범위를 넘어선다). 또한 '법정', '의회', '정부', 식민성의 '성' 등의 단어를 구별하지 않고 전부 '야쿠쇼役所', '부교쇼奉行所'5)라고 번역했다. '조약'은 '서약'이라고 번역되었다. 몇 개 단어는 가타카나인 채로 때로는 할주가 붙었다. '연설'에는 '타이르는 일', '노예제'에는 "하인과 같이 강압적으로 부리는 일", '식민지'에는 "사람을 외국 섬에 파견해 배양해 속국으로 만드는 것을 말함"의 할주가 있다.

그렇다고는 하지만 통사의 번역어가 모두 치졸했다거나 틀렸다라고 말하는 것은 타당하지 않을 것이다. 당시 일본에서 법정이나 의회의 기능을 가졌던 곳은 분명 '야쿠쇼'나 '부교쇼'였다. '마치町 부교쇼', '간조勘定 부교쇼'의 '부교쇼'는 '성省'에 해당한다고 하면 그렇다고도 할 수 있다. 홍콩에서 행해지던 노예적인 노동은 '노예제'라고 하는 것보다 "하인과 같이 강압적으로 부리는 일"에 가까웠던지도 모른다. 이 별단 풍설서를 보고받은 에도의 막부에게는 오히려 알기 쉬운 번역이었다고도

---

5) 야쿠쇼는 관청 일반을 가리키되 상대적으로 하급 기관을 뜻하는 경우가 많다. 부교쇼는 특정 정무를 담당하는 부교가 있는 관청으로, 오늘날의 감각으로 말하자면 부교는 장관급 관리를 의미한다.

말할 수 있을 것이다.

네덜란드 식민성을 가리켜 "콜로니〔영국에서 사람을 파견해 심은 섬을 말함〕의 야쿠쇼^{コロニー}"라고 쓰여 있는 것도 흥미롭다. 이듬해에는 '속국'이라고 번역하는 식민지를 아직 "사람을 파견해 심은 섬"이라고 직역했다. 게다가 네덜란드의 식민성에 관한 주석이면서 영국인이 식민한 땅이라는 설명이 되어 있다. '콜로니'라고 하면 영국의 '콜로니'밖에 모른다는 일본 측의 인식 부족뿐만 아니라 네덜란드도 식민지를 갖고 있는 것인가라는 의문을 일본인이 갖게 하고 싶지 않다는 네덜란드인 측의 의도마저 느낄 수 있다. 참고로 네덜란드어에는 폴크스플란팅 volksplanting(사람을 심는 것)이라는 단어가 있어 '식민'을 나타낸다. 일본어의 '식민'이라는 단어는 volksplanting의 직역어로서 생겨났다고 한다.

5.8 동아시아의 영어 신문

다음으로 1845년 별단 풍설서의 정보원을 살펴보자.

앞에서 본 바와 같이 1840년 5월의 동인도 총독 결정에는 "칸톤, 싱가포르 그 외 토지의 정기 간행물을 수집시켜" 이를 바탕으로 별단 풍설서를 작성시킨다라고 적혀있다. 여기서부터 적어도 1840년 당시 별단 풍설서의 정보원은 광저우(칸톤)나 싱가포르에서 발행한 신문임을 알 수 있다. 여기서 1840년대에 중국 연안을 중심으로 한 동아시아 지역(필리핀은 제

5.8 동아시아의 영어 신문

외)에서 간행되었던 구미계 신문(주2회·주간·월간)을 개관해보자. 덧붙여 말하자면 광저우와 싱가포르에서 간행되었던 신문은 모두 영어다.

광저우에서 발행하던 영어 신문은 청 정부의 압박으로 인해 광저우 이관夷館의 안전이 불안했기 때문에 1839년에 마카오로 사무국을 옮겨 그곳에서 인쇄되었다. 다만 명칭에는 '칸톤(광저우)'이라는 글자를 남겼다. 이 여러 신문들은 난징조약으로 영국령 홍콩이 생기자 1843-44년에 홍콩으로 이전했다. 그리고 식민지의 건설이 진행 중이던 홍콩에서는 그 일환으로 1841년 5월에 정청 관보의 제1호가 간행되었다. 그러나 홍콩 정청은 자력으로 관보를 출판한다는 방침을 1842년에 이미 전환하여 같은 해에 막 발간된 『프렌드 오브 차이나Friend of China』에 관보의 간행을 위탁하는 계약을 맺었다. 계약은 1844년 4월 『홍콩 레지스터Hong Kong Register』로 이양되었다.

1845년의 별단 풍설서는 중국 연안의 영어 언론 세계가 광저우(일시적으로 마카오에 피난했지만)에서 홍콩으로 이전했던 바로 그 전환기의 신문을 전거로 하고 있던 것이다. 싱가포르에서는 1835년에 창간된 『싱가포르 프리 프레스Singapore Free Press』가 유일한 영어 신문이었다.

실제로 전거가 된 것은 『칸톤 프레스Canton Press』, 『프렌드 오브 차이나』, 『차이니즈 레포지터리Chinese Repository』, 『홍콩 레지스터』이다. 특정 신문에 의존하지 않고 전체를 훑어 본 다음 작성된 것이라고 생각된다. 단 『싱가포르 프리 프레스』가 가장

제5장 별단 풍설서

많이 사용되었다. 해당 신문은 중국에서 간행되었던 신문이 아니었기 때문에 중국 관계 기사가 상대적으로 짧고 간결하여 전모를 파악하기 편리했기 때문일 것이다.

기사의 배열은 반드시 기사가 신문에 게재된 순서대로가 아니다. 전체적으로 보면 오래된 사건에서 새로운 사건의 순서로 쓰고 있지만 전부 날짜순으로 되어 있지는 않다. "일본인에게 이해가 되게끔" 이야기의 맥락을 만들고자 노력했던 것으로 보인다.

다만 기사의 선정 방법에 관해 말하자면 이 네덜란드어문을 작성한 정청의 실무자는 오로지 총독의 결정에 따르는 일만을 생각했던 듯하다. 영어 신문 중에서 청나라-영국관계로 볼 수 있는 기사를 기계적으로 뽑아내 이어 붙였다는 인상을 준다. 동시대에 발생해 진행 중인 갖가지 사건들 중에서 무엇이 중요한지 판단해 선별해내는 일은 실무자에게 대단히 어려웠던 것이리라. 결과물의 초점은 나가 있었다. 구미 여러 국가들의 위협의 실태를 알고 싶었던 막부에게 있어서 홍콩에 있는 재판소의 배심제도나 영국인 등록의 상세 정보 등은 아무래도 상관없었을 것이다. 이 해에 일어난 일로는 오히려 청조와 미국·프랑스 양국과의 사이에 있었던 외교 교섭이나 그 결과로 맺은 두 개의 조약, 혹은 영국군에 점령된 채로 있었던 저우산舟山열도(상하이 앞바다에 있다)를 중국에 반환하는 문제 쪽이 관심을 끌었을 것이라고 생각된다. 하지만 바타비아에 있던 작성자는 막부의 흥미가 어디에 있는지를 알지 못했음이 틀림없다. 아편전쟁에 한정되었던 별단 풍설서를 더 이상 계속할 의미가 없다는 사실은 이 해의 별단 풍설서가 시시했던 일로 분명해졌다고 말할 수 있을 것이다.

5.9 아편전쟁에서 세계의 정보로

1845년을 마지막으로 아편전쟁에 특화된 별단 풍설서의 작성은 마무리되었다. 그리고 1846년에는 다음과 같은 새로운 결의가 내려졌다.

> 식민국 장관이 보내온 1846년 2월 18일자 서한 및 같은 해 4월 16일자 서한에 기초해 동인도 평의회는 일본 상관장에게 최신 중요 사건에 관한 짧은 보고를 보낼 것, 그리고 1840년 5월 26일자 결정 제1호·제4조에 준거해 별단 풍설서라는 이름으로 일본 정부에 제출하게끔 일본 상관장에게 명령할 것을 결의했다.

네덜란드령 동인도 정청은 별단 풍설서의 송부를 통해 어느 정도의 성과를 확인했고 내용을 변경한 후에 계속할 것을 정했다고 볼 수 있을 것이다. 이후 별단 풍설서의 내용은 세계 각국의 일반적인 시사정보로 바뀐다. 중국 정세가 안정되었기 때문에 변경된 것이다.

이 결의에 따라서 1846년의 별단 풍설서 본문과 그 부속서 류로서 청불 황푸^{黃埔}조약과 청미 왕샤^{望廈}조약의 요지가 일본 상관으로 송부되었다. 이 두 개 조약은 난징조약 체결을 접한

제5장 별단 풍설서

프랑스와 미국이 중국에 사절을 보내 교섭한 결과 1844년에 체결된 것이다.

1846년 이후의 별단 풍설서는 반드시 첫 머리에 네덜란드 본국의 정보를, 다음으로 네덜란드령 동인도·중국·유럽·미대륙 등의 정보를 다루고, 마지막에 동중국 해역에서 전개되는 구미 국가들의 해군 구성을 전한다. 1854년부터는 나라 별로 소제목이 붙는다. 다만 이렇게 나라 별로 소제목을 붙여서 세계 각지로부터의 정보를 보도하는 것은 별단 풍설서만의 독자적인 특징은 아니다. 당시 각지에서 간행되던 구미 계통의 신문에서 공통적으로 보이는 형식이기도 했다.

한편 1848년 이후 '통상' 풍설서와 겹치게 되었으므로 일본 상관은 더 이상 자신들이 고생해서 '통상' 풍설서를 준비할 필요는 없다고 판단했다. 막부도 거기에 이견은 없었다.

제6장

풍설서의 종언

그림 1 최후의 네덜란드 상관장 동커르 퀴르티위스(1862년, 헤이그 로얄 하우스 아카이브)

제6장 풍설서의 종언

6.1 일본의 개항

미합중국은 1846-1848년 멕시코와의 전쟁에 승리한 후 강경한 대일 정책의 방향으로 나아간다. 그리고 1853년 페리가 일본에 파견되어 1854년 3월에 미일화친조약을 체결했다. 그 결과 시모다下田와 하코다테函館가 개항되었다.

한편 1854년에 영국·프랑스·오스만제국 연합군과 러시아와의 사이에서 크림 전쟁이 발발했다. 영국의 제독 제임스 스털링James Stirling은 적인 러시아 함대를 추격해 나가사키에 내항했고, 1854년 10월에 나가사키와 하코다테의 개항을 약속하는 영일화친조약에 이르게 되었다. 쫓기는 측인 러시아도 예프피미 푸탸틴Yevfimy Vasilyevich Putyatin이 시모다에 내항해 1855년 2월 러일화친조약의 조인에 성공했다.

1852년부터 최후의 네덜란드 상관장을 역임한 동커르 퀴르티위스Jan Hendrik Donker Curtius는 1855년 7월에 전권 영사관 발령을 받아 외교관으로서의 역할을 하게 된다. 그리고 미국이나 러시아와 동일한 조약을 체결할 수 있게끔 막부에 요구하여 1856년 일란화친조약이 체결되었다.

이 단계에서 이들 나라는 통상, 즉 구미의 상품을 팔기 위한 시장으로서 일본을 개방하는 것보다도 중국으로 가는 항로를 위한 보급지 확보를 중시했다. 조약의 내용도 그렇게 되어 있다.

그런데 1851년부터 1864년까지 태평천국의 난이 중국 전토를 휩쓸고, 1856년 10월의 애로^{Arrow}호 사건이 발단이 된 제2차 아편전쟁(애로전쟁)이 1860년까지 계속되었다. 전란에 의해 중국에서의 무역이 어려워졌기 때문에 일본에 통상 및 개항을 향한 압력이 강해졌다. 제2차 아편전쟁에서 중국이 패배했다는 소식을 접한 뒤 공포가 커진 막부는 1856년에 미국·네덜란드·러시아·영국·프랑스와의 수호통상조약을 연이어 체결했다(안세이^{安政}의 5개국 조약).

6.2 페리 내항의 예고 정보

18년간 일본에 보내져 온 별단 풍설서 안에서 가장 유명한 기사는 1852년 송부한 문서 말미에 있다.

> 북미합중국 정부가 일본과 무역관계를 맺기 위해서 그곳으로 보낼 예정인 원정대에 관해 또다시 소문이 돌고 있다. 합중국 대통령이 일본에게 쓴 서한 한 통을 들고 일본인 표류민 몇 명을 대동한 사절이 일본으로 파견된다는 내용이다. 그 사절은 합중국 시민의 무역을 위해 일본의 항구 몇 군데를 개방하고자 하고 있으며, 또한 일본의 적당한 항구 한 곳에서 석탄을 저장할 수 있도록 허가를 구할 것이라고 한다. 후자의 항구는 미국이 캘리포니아와 중국과의 사이를 연결시키고자 계획하고 있는 증기선의 항로를 위해 필요로 하고 있다. 현재 중국 해역에는 미국의 증기 호위함인 서스케하나^{Susquehanna}호와 초계함인 새러토가^{Saratoga}호, 플리머스^{Plymouth}호, 세인트메리$^{Saint Mary's}$호 및 반달리아^{Vandalia}호가 있다. 이들 함선이 에도에 사절을 보내도록 명을 받은 듯하다. 최근에

제6장 풍설서의 종언

> 받은 보고에 의하면 원정군 사령관 올릭$^{John\ H.\ Aulick}$ 준장은 페리 준장과 교체될 것이라는 소식이다. 또한 이미 중국 해역에 있는 미해군은 증기함 미시시피호, 프린스턴호, 브릭함 페리호 및 운송선 서플라이호로 증강된다고 한다. 신문에 의하면 상륙용과 더불어 포위전용의 자재도 실렸다. 하지만 이들 함선의 출발은 상당히 늦어질 것이라고 보도되고 있다. (가나이 마도카金井圓「가에이嘉永 5년(1852)의 네덜란드 별단 풍설서에 관하여」참조)

네덜란드는 미국이 일본과의 조약을 맺기 전에 먼저 조약을 체결하려 하고 있었다. 그렇기 때문에 이 별단 풍설서에 총독의 서한과 일란조약초안의 발췌 부분을 덧붙여 보낸 것이다. 이것을 들고 부임한 동커르 퀴르티위스는 네덜란드령 동인도의 고등법원 사법관에서 굳이 격을 낮춰 일본 상관장에 임명되었다. 네덜란드 전권으로서 곧바로 조약을 맺을 수 있을 정도의 경험과 지식을 가졌기 때문이다. 그뿐만 아니라 동인도 정청은 미국 함대의 내항 정보가 가진 중요성을 강조하고자 위의 인용 부분에다 빨간 동그라미로 표시를 하거나 제출할 때 극비라고 거드름을 피우도록 지시하는 등 여러 모로 궁리했다.

나가사키 부교도 사안의 중대성을 이해하고 '별단 풍설서의 부속 문서'라는 취급으로 총독 서한을 수취하여 에도에 송부했다. 네덜란드왕 빌럼 2세의 친서에 대한 1845년의 답신에서 막부는 금후 네덜란드로부터의 공식 서한은 일체 받지 않겠다고 명언했다. 그러므로 원칙적으로는 이 총독 서한도 받을 수 없었지만 답신이 필요없는 별단 풍설서의 일부로서라면 괜

찮다는 논리로 나가사키 부교가 직권 수령했던 것이다. 이를 받은 로주 아베 마사히로는 곧장 대책을 생각하기 시작했다.

이 기사는 당시부터 별단 풍설서의 기사 중에서도 단연 돋보여 주목을 끌었다. 1852년의 별단 풍설서의 일본어 번역 중 이 부분만을 수록하고 있는 필사본 등도 다수 전해진다. 연구면에서도 '페리 내항 예고 정보'로 유명해서 일본 국내에서의 전파 상황에 관해 이와시타 데쓰노리岩下哲典를 시작해 많은 논자가 언급한다. 그러나 여기서는 이것이 18통에 이르는 별단 풍설서 속 수백(천에 가깝다) 개의 기사 중에서 일본에 직접 관련된 소수의 기사 중 하나였다는 지적에서 그치도록 하겠다.

6.3 그 밖의 일본 관련 정보

이 밖에 일본과 직결된 기사는 1846·1847·1851·1853년의 별단 풍설서에 나온다. 여기서는 네덜란드어판에 기초해 그 중 몇 개를 소개하고자 한다.

> ≪1846년 송부된 별단 풍설서≫
> 프랑스 정부는 류큐제도에서 프랑스인 기독교 선교사의 정주를 인가했음을 부정했다.
> 칸톤에서 온 정보에 의하면 비들James Biddle 사령관 지휘 하의 미국 프리깃함 콜럼버스Columbus 호는 미국 시민에게 가해진 학대에 대해 배상을 요구하기 위해 일본으로 향하게 되었다.

제 6 장 풍설서의 종언

> 프랑스의 제독 세슈가 몇 척인가의 군함과 함께 일본으로 원정을 기획하리라는 소문이다.
>
> 1846년 4월 9일자의 칸톤에서 온 정보에 의하면 프랑스의 프리깃함 사빈느^{Sabine}호는 그 연안에서 난파했다고 알려져 있는 프랑스 포경선의 승무원을 수색하기 위해 칸톤에서 일본으로 항행하게 되었다. (야모리 사에코 矢森小映子, 「1846년의 별단 풍설서 네덜란드문 텍스트」 참조)

1844년에 파리 외방전교회의 포카드 신부^{Théodore-Augustin Forcade}는 류큐로 갔고 그곳에서 약 2년간 체재했다.

제임스 비들이 이끄는 미합중국 동인도 함대는 청미 왕샤조약望廈條約의 비준서 교환을 위해 1845년 6월 상순 뉴욕을 출항했다. 같은 해 12월 비들은 마카오에 도착해 곧장 광저우로 가서 흠차대신 기영耆英과 회견하고 비준서 교환의 임무를 완료했다. 비들은 그 후 해군장관의 훈령에 입각해 군함 콜럼버스호 및 빈센스^{Vincennes}호를 이끌고 1846년 7월 20일 우라가浦賀에 내항해 통상을 요구했다. 열흘 간의 정박 중에 우라가 부교와 통상조약의 체결 및 기타 내용을 교섭했으나 거절당하고 물러났다.

1846년 6월 6일 프랑스의 인도차이나 함대 제독인 장바티스트 세실^{Jean-Baptiste Cécille}이 군함 클레오파트르^{Cléopâtre}호, 빅토류즈^{Victorieuse}호를 이끌고 류큐에 내항해 통상을 요구했다. 그보다 한 달 정도 전에 프랑스 군함 사빈느호가 나하那霸에 내항

● 6.3 그 밖의 일본 관련 정보

해 조만간 프랑스의 제독이 함대를 이끌고 통상을 요구하러 올 것이라고 예고했었다.

> ≪1851년 송부된 별단 풍설서≫
>
> 호놀룰루(하와이 제도)에서 온 소식에 의하면 1850년 4월 22일 클라크$^{George\ Clark}$ 선장의 헨리 닐런드$^{Henry\ Kneeland}$호에 의해 13명을 태운 일본선이 북위 45도 동경 155도에서 발견되었다.
>
> 그 일본 배는 에도에서 기이^{紀伊}로 향할 예정이었으나 먼 바다로 떠내려가 풍파로 돛대와 키를 잃어 66일간 표류했다. 40일 전부터 물도 없이 눈으로 살고 있었고 생선 찌꺼기 외의 식료는 갖고 있지 않았다. 클라크 선장은 그 일본배의 승선원을 자신의 배에 태워줬다. 일본 배의 선장과 2명은 같은 배로 호놀룰루에 도착했다. 남은 선원 중 2명은 마렝고^{Marengo} 호로 옮겨 타고 6명은 페트로바로브스키^{ペトロマウスキー}1)로 실려가 러시아 당국에 인도되었다. 다른 2명은 님로드^{Nimrod}호로 호놀룰루에 도착했다.
> (마쓰카타 후유코, 야모리 사에코 공역)

1850년 1월 기이^{紀伊}국의 회선^{廻船} 덴주마루^{天壽丸}가 에도에서 돌아오는 길에 표류하여 약 3개월 후 지시마^{千島} 열도 부근의 해상에서 미국 포경선 헨리 닐런드호에 의해 구조되었다. 그 후 조스케^{長助} 등 8명은 미국의 포경선 마렝고호로 옮겨 타고, 페트로파블롭스크 캄차츠키를 지나 알래스카의 시트카^{Sitka}2)에

---

1) [원주] 캄차카 반도의 페트로파블롭스크 캄차츠키로 추정.
2) [원주] 알래스카는 1867년까지 러시아령.

제 6 장 풍설서의 종언

보내져 러시아 상선인 멘시코프호로 이즈^{伊豆}의 시모다^{下田}에 도착했다. 닐런드호에 남았던 도라키치^{虎吉} 등 5명 중 3명은 미국 포경선 님로드호에 옮겨 타서 떨어지지만, 하와이 제도의 오아후섬에서 도라키치 일행과 합류해 홍콩·상하이를 경유해 사포에 보내지고 거기서 중국 배로 나가사키에 귀환했다.

≪1853년 송부된 별단 풍설서≫

1853년 5월 24일자 신문『차이나 메일』본국판에 의하면 일본으로 향할 예정이었던 미국 군함 중 몇 척이 중국 남쪽에 있었는데, 5월 8일 통신선 카프리스호와 홍콩에서 5월 11일에 새러토가호가 마카오에서 떠났기 때문에 현재 수송선 서플라이호 만이 마카오에 있다. 그 함대는 일본에 가기 전에 류큐에서 합류할 것이라는 소문이다.

지난 번 보고[1852년 별단 풍설서]에서는 일본과 무역 관계를 맺고자 하는 북아메리카 합중국 정부의 계획에 관해 언급했다. 뉴욕의 주요한 일간 신문 중 하나인『헤럴드』의 1852년 9월 28일자 기사로 해당 건에 관해 이하의 사실을 알 수 있다.

워싱턴에서는 일본 원정 계획의 준비가 열심히 계속되고 있다고 한다. 원정대는 아래의 선박들로 편성될 예정이다. 롱 대좌가 이끌 증기선 미시시피호는 11월 1일부터 10일 사이에 뉴욕에서 출항할 것이다. 페리 해군소장이 이끄는 프린스턴호는 미시시피호에 동행하기로 되어 있지만 현재 볼티모어에서 보일러를 교환하기 위해 정박 중이다. 그리고 알레게니^{Allegheny} 호는 캐스포트^{Casport}에서 수리하고 1월에 출항할 것이다. 이들 배의 출항에 필요한 준비는 가능한 한 신속하게 집행된다. 해군 소장

페리의 지휘 하에 원정대는 11월 1일에 일본 해역으로 향해 그 해역을 이미 순항하고 있는 함대에 합류하기 위해 출발할 것이다. 미국 측의 희망으로는 이는 우호적인 성격의 파견이 될 것이다.

일본 해역으로 가기 위해 러시아 원정이 준비 중이다. 이는 푸탸틴 해군 중장의 지휘 하에 프리깃함 팔라다^{Pallada}호, 수송선 한 척, 증기선 한 척으로 편성될 예정이다. 이 원정의 목적은 미국 함대를 정찰하는 일이라고 한다.

현재 칠레곤^{Cilegon 3)}에 사는 네덜란드인 민간 의사인 얀 판 덴브룩^{Jan Karel van den Broek} 씨가 본인의 요망에 입각해 동인도 총독 각하에 의해 데지마 네덜란드 상관의 의사 겸 약제사로 임명되게 되었다.

미국이 일본에 압력을 가하는 모습이 『차이나 메일』, 『헤럴드』 등의 영미 신문에 기초해 알려졌다. 마지막 기사는 네덜란드의 독자적인 정보로 나가사키 상관에서 일하는 의사의 부임에 관한 것이다.

이상의 기사에서는 류큐에서 프랑스인 선교사의 활동이나 일본인 표류민 등도 화제가 되어 있다. 이들은 '페리 내항 예고 정보' 정도는 아니더라도 막부의 흥미를 끌었다. 각국이 일본에 흥미를 가졌다는 점, 일본에 접근하고자 노력하고 있다는 사실, 그 노력의 경과나 결과에 관해 각국 간에 정보 교환을 하고 있다는 점 등을 알 수 있기 때문이다. 이렇게 해서 별단 풍설서 이외에도 막부는 구미의 신문에 일본에 관계된 기사가

---

3) 인도네시아 자바섬 북쪽 연안의 도시.

제 6 장 풍설서의 종언

없는지 혹은 일본에 관해 적은 책자는 없는지를 나가사키의 네덜란드인으로부터 확인하고자 하게 된 것이다.

6.4 바타비아에서 보내진 최후의 별단 풍설서

1857년 7월, 예년과 같이 정청은 일본으로 보낼 별단 풍설서의 조제와 송부를 결의했다. 그리고 이것이 바타비아에서 일본에 송부된 최후의 별단 풍설서가 되었다. 이제부터 내용이 일반화된 별단 풍설서의 소개를 겸하여 1857년 송부된 분부터 주목할 만한 부분을 뽑아서 해설하도록 하겠다.

이 해의 별단 풍설서는 예년처럼 다음과 같은 구절로 시작한다.

> 1857년 7월 1일까지의 1년간 네덜란드왕국은 국내적으로도 평온을 향유하고 다른 나라들과도 평화롭고 우호적인 관계에 있었다. 무역·항해 및 산업은 대단히 발전했다.

이 다음에는 왕실관계를 중심으로 네덜란드 본국에 관한 기사가 계속된다. 그리고 네덜란드령 동인도에 관한 기사, 동인도 정청의 인사나 현지 왕후(네덜란드는 그들을 그대로 두고 이용하면서 식민지 지배를 강화했다)의 사망, 나아가 콜레라 등의 유행이나 지진 등이 보고되었다.

영국령 인도에 관해서는 특히 말이 많다. 당시 인도는 거의 영국의 식민지가 되었지만 번왕국이라고 불리는 몇 개의 현지

6.4 바타비아에서 보내진 최후의 별단 풍설서

왕권은 남아 있었다. 번왕국의 하나인 아우드^{Oudh}국은 영국령 동인도회사가 고용하는 인도인 용병(세포이^{sepoy} 또는 시파히^{sipahi}라고 불림)의 출신지로 유명했지만 정치 부패를 이유로 영국 직할령에 병합되었다. 나아가 제2차 아편전쟁으로 인해 인도인 용병이 나라를 떠나 머나먼 중국에 파견되게 되었고 인도인 용병의 불만이 강해졌다. 이러한 원인들로 발발한 것이 세포이 항쟁이다.

> 아우드국은 그 해 초에 영국에 병합되었다. 이는 인민의 저항없이 이루어졌다. 번왕국인 니잠^{Nizam}국은 아직 영국령으로 편입되지 않았다.
>
> 캘커타(현 콜카타)에서 벵골과 마두라스(현 첸나이)의 유럽인 2개 사단과 실론(현 스리랑카)인의 라이플총대의 파견부대가 중국의 전장으로 보내질 것이라는 소식이 있었다. 최신 신문 등에 의하면 벵골에서 번왕국의 군대 20개 연대가 반란에 이르렀다. 펀자브, 아우드 및 북서부의 여러 주는 평온하다. 벵골과 봄베이(현 뭄바이)의 군대는 충성을 계속하고 있다. 이들 지방은 조용하고 평온하다.
>
> 델리의 거리에는 반란자가 모여 있고 불만의 중심지이다. 반란자들은 지난 5월 30일과 31일 두 번에 걸쳐서 타격을 입었고 나아가 6월 8일에 유럽인 부대에 의해 델리 안으로 몰아붙여졌다. 델리의 거리는 유럽인 부대에 의해 포위되었고 반란의 신속한 진압이 예상된다.

반란군은 인도에 군림했던 무굴 제국 최후의 황제 바하두르샤 2세를 등에 업고 황제가 있는 수도 델리를 중심으로 전개

제 6 장 풍설서의 종언

되었다. 이 별단 풍설서가 발송된 후인 1857년 9월 영국군은 델리를 공략하여 황제를 잡아 영국령 버마(현 미얀마)에 유형을 보냈다. 16세기부터 이어진 무굴 제국이 명실상부 소멸한 것이다.

영국령 오스트레일리아에서는 골드 러쉬 기사가 눈을 끈다.

> 금의 채굴량은 여전히 풍부하다. 공식 보고서에 의하면 빅토리아 식민지[멜번 주변]에서의 금 수출은 1855년 동안에 267만 4677온스로 올랐고 화폐가치로는 1069만 8708파운드에 이른다. 이 식민지의 1855년의 금 생산은 1854년보다도 35% 많다. 태즈메이니아 섬에서는 은광과 동광이, 뉴 사우스 웨일스 식민지[시드니 근처]에서는 새로운 금광이 발견되었다.

골드 러쉬라고 하면 1840년대 말의 캘리포니아가 유명하지만 1850년대에는 주무대를 오스트레일리아로 옮겨 더욱 성행했다. 금속, 석탄 등 지하 자원의 유무가 국력을 좌우하게 되어 토지 영유에 새로운 의미가 발생했다.

중국에서는 1851-1864년에 전국을 석권한 태평천국의 난에 관한 정보가 중심이었다. 구체적인 지명을 말하며 상당히 자세하게 전하고 있다.

> 중국의 북방과 서방에서는 반란군이 연이어 소동을 일으켰다. 강서성의 주요한 도시는 그들의 수중에 떨어졌고 또한 그들은 안휘지방에도 다시금 모습을 드러냈다. 양자강[장강]의 남쪽 땅도 반란군에 의해 위협 받았다.

6.4 바타비아에서 보내진 최후의 별단 풍설서

상당히 잔혹한 전투가 일어났지만 청나라 황제의 군대가 열세였다. 모반인들의 수령인 태평왕[홍수전]은 최근 3만명의 원군을 얻었다. 지난 4월의 신문에 의하면 이로 인해 그는 광신부廣信府[현 상요上饒]와 복건의 북서부 그 주변에서 약탈을 행했다. 소주 부근에서는 황제국이 공공연하게 반란을 일으켰다.

유럽에서는 크림 전쟁의 강화조약 비준서가 최대 뉴스였다.

> 1856년 3월 30일 파리에서 프랑스, 영국, 사르데냐[4] 및 튀르키예[오스만 제국]와 러시아 사이에서 강화우호조약이 조인되었다는 일은 이미 작년 별단 풍설서로 전했다. 그 후 4월 27일에 파리에서 강화조약의 비준서가 교환되었다. 이 조약에 임해 러시아 황제는 튀르키예의 술탄[압뒬메지트 1세$^{Abdulmejid\ I}$]에게 러시아군이 점유했던 오스만 제국령의 모든 지방을 반환하기로 약속했다.

이집트에서는 수에즈 운하의 화제가 이목을 끈다. 프랑스의 외교관 페르디낭 레셉스가 크림 전쟁의 오스만 터키 측에 참전하여 혼란스러웠던 이집트로부터 수에즈 운하의 개착開鑿권을 취득했다.

> 유럽-아시아 간의 무역 활성화를 위해서 수에즈 지협을 다니는 운하에 의해 지중해와 홍해를 연결시킨다는 계획이 입안되었다. 실현된다면 영국에서 오는 선박은 50일 만에 중국에 도달할 것이다.

---

4) [원주] 현재의 프랑스와 이탈리아에 걸친 국경 지역과 사르데냐섬을 지배하는 나라.

제6장 풍설서의 종언

미합중국에서는 나중에 남북전쟁의 불씨가 된 노예해방문제가 화제가 되었다.

> 제임스 뷰캐넌이 북미합중국의 대통령으로 선출되었다. 그는 노예제의 유지에 찬성하는 사람들의 정당에 속해 있다. 그의 유력한 경쟁 상대는 노예제 폐지의 지지자 존 프리몬트^{John Charles Frémont} 대좌였다.

그리고 마지막으로 "중국 해역 및 동인도 해역에서의 유럽 해군력"이라고 해서 나라 별로 함선명, 선장명, 포문의 숫자 등을 열거하는 것이 1850년대 별단 풍설서의 통례다.

이처럼 화제가 되었던 지역은 오대륙 전부에 이르렀고 정치, 경제, 과학기술 등 온갖 분야의 내용이 다뤄지고 있다. 그러나 1857년의 별단 풍설서에는 직접 일본에 관련된 내용은 없다. 그럼에도 막부는 별단 풍설서의 중지를 바라지 않았다.

6.5 '통상' 풍설서의 종언

1855년 7월 23일 동커르 퀴르티위스는 영국과 프랑스의 군함이 나가사키에 올 것이라는 정보를 나가사키 부교에게 알렸다. 이 정보는 증기군함 헤데호의 함장인 헤르하르뒤스 파비우스^{Gerhardus Fabius}가 바타비아에서 오는 항해 길에 홍콩에서 들은 것이었다. 헤데호는 별단 풍설서를 싣고 있었지만 파비우스가 홍콩에서 들은 정보는 그보다 한층 새로운 것이다. 헤데호가 군함이기 때문인지 '통상' 풍설서는 작성되지 않았다.(후술)

6.5 '통상' 풍설서의 종언

 같은 해 10월 11일 동커르 퀴르티위스는 영국의 제독 제임스 스털링이 일본을 떠날 때 남긴 많은 양의 『타임즈^{Times}』와 『스트레이츠 타임즈$^{The\ Straits\ Times}$』 특별판으로부터의 최신 정보를 나가사키 부교에게 전했다. 전해진 정보는 다음과 같다.

> 런던 1855년 6월 11일
>
> 영국, 프랑스 연합국 측의 제독들은 크림 반도의 케르치·예니칼레·아라바트 만 및 헤니체스크에서 여러 눈부신 성공을 거뒀다. 그들은 아조프해의 제해권을 손에 넣었다. 그들은 600만 명분의 식량과 대량의 비축 화약을 적재한 220척의 상선을 괴멸시켰다. 적[러시아]은 대규모 곡물 창고군과 많은 군함을 스스로 파괴했다. 세바스토폴의 포격은 지난 6일과 7일에 다시 시작되었다. 프랑스군은 말라코프 포탑과 마멜론의 요새를 대학살 끝에 점령했다.
>
> 영국과 프랑스의 함대는 지난 6월 4일에 크론슈타트[러시아 상트페테르부르크의 외항]의 옆에 있었다. 러시아 선박은 거의 모든 항구에서 의장艤裝을 풀고 있었다. 군무를 할 수 있던 것은 세 척의 증기선 뿐이었다.
>
> 리처드 던다스$^{Richard\ Saunders\ Dundas}$ 제독은 방어시설을 더 가까이에서 시찰하기 위해, 또한 공격하는 일이 현명할지 어떨지 확인하기 위해 메를린호에 있었다. 작년부터 새로운 장비가 증설되었으므로 공격은 실행불가능하다고 한다.
>
> * * *
>
> 알렉산드리아 1855년 6월 20일

제6장 풍설서의 종언

> 마멜론 요새의 점령 이래 세바스토폴에서는 중요한 일
> 은 아무 것도 일어나지 않았다. 점령했을 때 연합국군과
> 러시아군 쌍방의 손실은 현저했고 프랑스 군은 병사 4천
> 명을, 러시아군은 약 6천명을 잃었다. 러시아군은 나아
> 가 대포 60정을 잃고 110문을 빼앗겼다. 포위망은 더욱
> 전진했다. 발라클라바 전투에서는 콜레라가 발생했다.
> 아조프해에서는 모든 것이 황폐했고, 타간로크 시내조
> 차 파괴되었다. 또한 이곳의 모든 어선도 같은 괴로움을
> 당했다. 아나파는 러시아군 자신에 의해 파괴되었다.
> 오스트리아는 무장 중립을 선언했다.
>
> 주일 네덜란드 영사의 명령에 의해 번역
> 직원 플라프란트

19세기에 접어들어 '통상' 풍설서와는 다른 시기에 그것도 서면으로 종종 정보 제공이 이루어지게 되었다. 특히 난징조약 이후 구미의 선박이 중국에서 일본에 출항할 수 있게 되고 나아가 동아시아의 해역에 증기선이 도입되자 이러한 부정기 정보 제공이 쑥 늘었다. 여름의 계절풍 시기만이 아닌 일년 중 언제라도 배가 도착하고 해외 정보가 들어올 가능성이 생겼기 때문이다. 한편 속보성을 추구하는 일본측의 수요도 높아졌다.

1856년 8월 나가사키에 입항한 네덜란드 군함 메두사호에 의한 '통상' 풍설서는 전해지지 않는다. 일란화친조약 체결 후 통사는 군함에 심문하러 가는 일을 꺼리게 되었다고 한다. 이 군함의 함장을 지낸 파비우스는 "메두사호가 네덜란드 군함이라고 확인되면 승무원의 명부를 제출하지 않아도 된다. 일

본과의 [화친]조약은 신뢰할 만한 가치가 있다"(포스 미야코 번역)이라고 보고서에 적고 있다. 페리가 이끄는 미국 함대가 내항했을 때 우라가 부교쇼의 관리가 선박 이름과 승무원의 숫자를 물었다. 그때 미국 측은 '군함의 특권'을 논거로 답변을 거부했는데 그것이 선례가 된 것으로 보인다.

1857년에는 다섯 통의 '통상' 풍설서가 작성되었으나 그 내용은 없는 것이나 마찬가지다. '통상' 풍설서는 1848년 이후 매우 간략화되어 정보 제공은 주로 별단 풍설서가 담당했기 때문이다.

1857년 야판^{Japan} 호(훗날의 간린마루咸臨丸)가 도착했을 때의 '통상' 풍설서도 전해지지 않는다. '군함의 특권'이 적용되었기 때문이라고 여겨진다.

1858년 이후의 '통상' 풍설서는 전혀 전해지지 않는다. 나가사키 부교쇼에서 에도로 보낸 문서의 기록인「제상서명서諸上書銘書」에 의하면 1859년 2월 나가사키 부교는 로주에게「네덜란드인이 매년 올리는 풍설서를 받는 일에 관해 여쭙는 문서」를 보냈다. 아마도 '통상' 풍설서의 중지를 출원한 듯하다.

1858년에는 유일하게「어규서御紀書」라는 문서가 있다. 이「어규서」는 상선인 카드산드리아호의 선명이나 선장명을 기록한 것이며 해외 정보를 전혀 포함하지 않기 때문에 '풍설서'라고 부르기 어렵다. 통사는 더 이상 네덜란드선으로부터 정보를 청취하고자 하지 않았던 것으로 보인다. '통상' 풍설서의

제 6장 풍설서의 종언

마지막 해는 1857년으로 생각하는 것이 타당할 것이다.

6.6 별단 풍설서의 송부 중지

1858년 여름에는 일본 상관에 별단 풍설서가 송부되지 않았다. 같은 해 7월 30일 자 동커르 퀴르티위스에게 보내진 네덜란드령 동인도 정청 서기관의 서한에는 다음과 같은 내용이 있다.

> 일본과의 관계가 변화했다는 사실에 비추어 현재까지 관례였던 쇼군에게 보내는 별단 풍설서를 계속할 필요가 없다고 생각됩니다. 그럼에도 불구하고 일본 측이 여전히 계속해서 이를 중요시할 수도 있으므로 저는 그런 경우에 그러한 최신 정보를 편집해 일본 정부에 바칠 것을 귀하[상관장]에게 요청하라는 명령을 받았습니다.

즉 향후 바타비아에서 별단 풍설서는 보내지 않으므로 막부가 필요로 한다면 일본 상관에서 만들라고 하는 지시이다. 그때까지 별단 풍설서의 송부는 매해 개별적으로 결의되고 있었기 때문에 "별단 풍설서를 보내지 않는 일"은 결의되지 않고 정청 서기관의 서한으로 전해진 것이다.

이를 받아 동커르 퀴르티위스는 나가사키 부교에게 앞으로는 별단 풍설서(및 '통상' 풍설서)의 제출은 그만두고 싶다고 문서로 신청했던 것으로 보인다. "네덜란드만 정보를 제공한다면 다른 나라들로부터 의심을 살지도 모른다"라는 이유가 제시된 듯하다. (그것이 네덜란드 측의 진의라고는 단정할 수 없지만) 막부가 평의를 하는 데에는 시간이 걸렸기 때문에 가장 핵심인 별단 풍설서는 제출되지 않은 채 1858년은 지나가 버렸다.

1859년 2월 나가사키에서 근무 중이던 부교는 로주에게 "네덜란드인이 예년에 가져 오던 풍설서를 향후 제출하지 않겠다고 한 건에 관한" 문의서를 보냈다. 로주가 외국 부교·오메쓰케·간조부교에게 자문한 바에 의하면, 외국 부교로부터 3월자로 별단 풍설서는 존속시키는 것이 좋겠다는 취지의 답변이 왔다. 외국 부교는 보통의 상업용 선박은 그저 장사를 위해서만 오기 때문에 각국 정세를 물어볼 수 있을지 없을지 모르고, 묻는다고 해도 알고 있을지 여부를 모른다, 그렇기 때문에 당분간 "네덜란드 풍설서가 없으면 일이 돌아가는 상황을 받아들일 수 있는 실마리도 생각할 수 없을 것"이라는 이유로 존속을 희망했던 것이다. 결국 나가사키 부교로부터의 서면에는 다음과 같은 로주의 답변 지시를 붙여서 같은 해 4월 8일자로 돌려보내졌다.

> 영사관이 하는 말에도 일리가 있긴 하지만 네덜란드가 오래 전부터 계속해 온 뜻도 있으니까 등의 이유로 잘 설득해서 풍설서는 지금까지대로 제출하게끔 해주시길 바람.

결국 막부는 별단 풍설서의 존속을 희망한다는 결론에 도달한 것이다.

제 6 장 풍설서의 종언

나가사키 부교는 1859년 초여름이 되어서야 막부 평의의 결과물을 동커르 퀴르티위스에게 전했다.

> 동커르 퀴르티위스 각하
>
> 옛날부터 매년 행해져 온 바타비아에서 오는 별단 풍설서의 제출은 향후 폐지될 것이라는 내용이 지난 겨울 제의되었다. 이 내용은 에도에 있는 막부에게 상주되었다. 그리고 귀국과의 사이에서 매우 오래 전부터 끊이지 않고 유지되어 온 우호에 입각해 별단 풍설서의 제출은 지금까지와 마찬가지로 실시되어야 한다는 서면이 에도로부터 도착했다. 그러므로 종래와 같이 매년 충분히 정성을 들여 작성해 제출하도록.
>
> [안세이安政 6년] 미未년 4월
>
> 오카베岡部 스루가노카미駿河守

이것이 명령의 형태가 아닌 받는 사람 이름에 '각하'를 붙힌 서한 형식으로 네덜란드인에게 전해졌다는 사실은 주목할 만하다. 조약체결 이후 나가사키 부교도 네덜란드 정부를 대표하는 자로서 동커르 퀴르티위스를 중히 여기지 않을 수 없게 되었다는 점을 알 수 있기 때문이다.

6.7 1859년, 최후의 풍설서

이 서한을 받자 1859년에는 나가사키의 네덜란드 상관에서 별단 풍설서의 작성이 시도 되었다.

● 6.7 1859년, 최후의 풍설서

첫 번째 별단 풍설서는 1859년 5월 20일자 나가사키 부교를 수신인으로 하는 동커르 퀴르티위스 영사관의 서한에 첨부된 문서다. 그 서한에는 다음과 같은 내용이 있다.

> 각하의 미末년 4월자 서한에 대한 답변으로 저는 삼가 이하의 내용을 알려드립니다. 즉 일본의 정세가 변화했기 때문에 매해 올리던 별단 풍설서 보고의 작성은 더 이상 불가능하게 되었습니다. 그러나 기회가 있을 때마다 제가 입수한 여러 신문 내용 중 일본 정부에게 있어서 중요할 것이라고 생각되어지는 일은 모두 수시로 제가 각하에게 알려드리겠습니다. 그래서 저는 바로 1859년 '별단 풍설서 제1호'를 제출합니다.

바타비아에서 도착한 별단 풍설서는 바랄 수 없게 되었지만 동커르 퀴르티위스는 자신에게 보내져 온 신문 등을 토대로 '별단 풍설서'를 작성해서 제출할 것을 약속한다. 이 서한은 1859년 6월에 「네덜란드 영사관이 풍설서를 제출하는 일에 관해 말씀드리는 문서」라는 제목으로 나가사키 부교가 에도로 보냈고 로주 앞으로 진달進達되었다. 이 서한에 첨부된 '별단 풍설서 제1호'는 짧지만 막부가 흥미를 가질 만한 엄선된 내용으로 이루어졌다.

> 1859년 별단 풍설서 제1호
> 프랑스의 포병대에서는 안쪽에 라이플 총처럼 홈을 판 신형 대포를 사용하게 되었다. 12파운드 포는 공성포이고 4파운드 포는 야전포다.

제 6 장 풍설서의 종언

> 신형 대포에는 속이 비어 안에 화약을 넣을 수 있는 포탄만이 사용될 것이다. 속이 빈 포탄은 종래의 탄환과 같은 식으로 장전해서 사용하며 발사 후에는 작열한다.
>
> 네덜란드에는 독일 기술자가 있어서 증기기관이나 공장의 용광로를 시찰하고 그로 인해 연료를 25퍼센트 절약하려고 하고 있다.
>
> 영국의 여왕폐하는 에도의 총영사로 러더퍼드 올콕을, 나가사키 영사로 스톤턴 모리슨 George Staunton Morrison 을, 하코다테 영사로 크리스토퍼 호지슨 Christopher Pemberton Hodgson 을 임명했다.
>
> 포르투갈 정부와 벨기에 정부는 우호와 통상의 조약을 체결하기 위해 일본에 사절단을 파견할 것이다.
>
> 러시아 정부는 상페테르부르크와 사할린[가라후토]의 맞은 편 연안에 있는 아무르강[흑룡강] 하구의 사이에 전신을 부설할 것이다.

이 단계에서 동커르 퀴르티위스는 상당한 빈도로 '별단 풍설서'를 작성할 마음이었던 듯하다.

동커르 퀴르티위스가 작성한 제2의 '별단 풍설서'는 약 2개월 뒤인 7월 31일자 데지마 발신으로 되어 있다. 제1의 '별단 풍설서'와는 달리 정보의 요점 만을 적은 것이다. 동커르 퀴르티위스 자신 혹은 일본 상관 전체에게 시간적 여유가 없었던 것인지도 모른다. 짧지만 아래가 전문이다.

> 제2호 별단 풍설서 보고

제1절, 유럽에서는 사르데냐, 프랑스 양국과 오스트리아와의 사이에서 전쟁[이탈리아 통일전쟁]이 발발했다.

제2절, 수에즈 지협의 굴착공사가 시작되었다.

제3절, 중국에서는 영국해군과 중국군과의 사이에 분쟁[제2차 아편전쟁 제2전투]이 일어났다. 중국에서 간행된 신문 등에 따르면 이때 영국측에 46명의 사상자가 나왔다.

데지마, 1859년 7월 31일

주일 네덜란드 영사관 D.C.

마지막에 있는 'D.C.'는 동커르 퀴르티위스의 머리글자다.

1859년 8월 4일 발송한 이 제2의 '별단 풍설서'는 나가사키 부교로부터 에도로 보내지고 로주에게 진달되었음이 '제상서명서諸上書銘書'에 쓰여있다. 그러나 1859년의 제1, 제2의 '별단 풍설서'가 당시 통사에 의해 일어로 번역되었는지 여부는 확인되지 않았다.

막부는 어디까지나 풍설서의 제출을 요구했고 일본 상관도 이에 대응하고자 했으나 결국 흐지부지되어 작성되지 않게 된 것이다.

또한 이 해에 '통상' 풍설서가 제출되었다는 기록도 없다. 1858년에 체결된 안세이의 5개국 조약을 계기로 1859년 이후 네덜란드선뿐만이 아니라 미국선이나 영국선 등 구미선의 나가사키 내항 횟수가 격증했다. 통사가 배가 올 때마다 정보를 청취하러 가는 일은 더 이상 불가능하고 불필요하게 된 것이다.

6.8 네덜란드 풍설서의 제3유형

데지마에서 작성되었던 이 두 개의 '별단 풍설서'는 본래의 별단 풍설서가 가지고 있던 '서면으로'라는 확실성과 상대가 '보내오는 것'이라는 권위성의 두 측면 중에서 확실성 쪽을 남긴 것이다. 게다가 어느 시기부터인가 일본 측이 중시하게 된 속보성을 더했다는 점에서 네덜란드인의 정보 제공이 최종적으로 도달했던 형태라고도 할 수 있을 것이다.

이들은 정청의 결정이나 결의에 기초하지 않았다. "정청의 결정이나 결의에 기초해 바타비아로부터 송부된" 일을 별단 풍설서의 정의라고 한다면 이들 둘은 엄밀하게는 '별단 풍설서'라고 불러서는 안 된다. 그러나 바타비아에서 송부하는 일은 폐지되었지만 일본 측이 별단 풍설서를 필요로 한다면 나가사키에서 작성하라는 정청으로부터의 서한을 받았기 때문에 별단 풍설서의 마지막 형태라고도 할 수 있다.

나가사키에서 작성되었던 점을 중시한다면 '통상' 풍설서라고 말할 수 있지만 통사가 청취하는 형태는 아니다. 상관 안에서 작성되어 일본 측에 문서 형태로 건네진 점에서 '통상' 풍설서와는 차이가 있다. 1855년에도 등장한 특정 정보를 전하기 위해서 부정기적으로 작성되었던 서면 중 하나라고도 볼 수 있다. 평가하기가 어려우므로 여기서는 풍설서의 제3유형이라고 해두겠다.

이 두 통은 일본인과 접촉할 기회를 가진 나가사키의 상관원이 작성한 것이기 때문에 일본인의 흥미나 관심을 끌만한 충실한 내용으로 이루어져 있다. 이탈리아 통일 전쟁이나 제2차 아편전쟁이라는 세계사적으로 중요한 전쟁과 함께 신형 시조포施條砲 등 '서양 근대'의 도구가 만들어져 가고 있던 모습도 전한다. 특히 전신 부설(인류사상 처음으로 정보의 이동이 사람의 이동으로부터 분리되었다)과 수에즈 운하의 개착공사 착공(더 이상 희망봉을 돌아가지 않아도 된다!)은 동아시아에, 아니 세계의 통신·교통 분야에 격변이 다가오고 있음을 나타낸다. 이로 인해 지구는 인류에게 있어 현격하게 더 작아져서 이제 연 1회의 풍설서가 중요시되는 시대는 끝난 것이었다.

1860년 이후 그 어떤 형태의 풍설서도 발견되지 않는다. 1859년 나가사키의 네덜란드 상관은 정식으로 영사관이 되었다. 네덜란드가 정보 제공을 무기로 일본 무역 독점의 특권을 지키는 시대는 끝났다. 동시에 요코하마나 하코다테 등의 개항에 의해 나가사키의 특권도 또한 잃게 되었다.

맺음말

풍설서를 통해 보이는 것

네덜란드 풍설서를 주의깊게 읽어가다 보면 점점 변화해가는 세계의 움직임을 읽어낼 수 있다.

특히 별단 풍설서의 기사를 통해서는 근대로 옮겨가는 세계의 여러 국면을 동시대인이 된 듯한 기분으로 추체험追體驗할 수 있다. 거기에는 현대의 통사적인 기술로는 잊혀지기 쉬운 남미대륙이나 태평양의 섬들을 포함한 온 세계가 시시각각 변화해가는 모습이 간략하지만 비교적 두루 기술되어 있다. 당시의 네덜란드인에게는 영국이나 프랑스가 시조총이나 전신 등의 신기술을 연달아 개발하고 실용화하여 점점 더 앞으로 나아가는 뒷모습이 보였을 것이다. 그리고 그것을 열심히, 라기보다는 착실하게 쫓아가고 있는 자신들의 모습을, 영국인이나

맺음말

프랑스인보다 성실하고 우호적인 태도로 일본인에게 보여주고 싶었던 것이다.

네덜란드 풍설서의 내용은 크게 보면 가톨릭에서 '서양 근대'로 움직였다. 그것은 당시 막부의 대외관심을 반영하고 있기도 하고 일본 무역을 독점하고 싶은 네덜란드인에게 있어서 경쟁 상대의 변화를 나타내기도 했다. 가톨릭 세력의 동정을 살피는 장치로서의 풍설서가 그대로 '서양 근대'를 정탐하는 도구로 전용 가능했던 것이라고 할 수 있다. 네덜란드인 자신이 영국인이 견인하는 '서양 근대'를 필사적으로 쫓아가는 입장에 있으면서, 동시에 한 발짝 떨어진 곳에서 '서양 근대'를 볼 수밖에 없었다는 점도 막부가 객관적인 정보를 얻을 수 있었다는 의미에서 다행이었는지도 모른다.

내가 아는 한 온 세계의 정보를 200년 이상에 걸쳐서 정기적으로 계속 알린 미디어는 풍설서 뿐이다. 물론 스스로는 쉽사리 움직이지 못하는 왕후王侯가 외부에서 온 자에게 먼 곳의 상황을 묻는 일은 흔히 있는 이야기다. 특히 동시기 동아시아에서 청조도 조선도 대외관계는 상당히 한정적이었다. 기독교를 금지했다는 점에서도 일본과 유사하다.

예를 들어 청조는 1757년 이래 광저우에 한하여 구미 사람들에게 무역을 허락했다. 그리고 실제로 북경의 황제는 유럽 정세를 광저우의 역인으로부터 입수했다. 그렇지만 광저우에서 황제의 대리인 양광兩廣 총독이 유럽인과 직접 만나고자 하는 일은 우선 없었다고 말할 수 있다. 통역買辨 뿐만 아니라 상인 등 여러 단계의 사람들이 언제나 끼어있었다. 풍설서처럼 정기적인 문서가 직접 북경에 보내지는 일은 없었고 특별한 사절을 제외한 유럽인은 북경에 가는 일이 허락되지 않았다. 전체적으로 중국내 유럽인의 지위는 일본내 그것보다 낮았던 것이다. 그 배경에는 유럽인에 대한 멸시가 있었으리라. 황제는 막부만큼 외국을 두려워하지 않았다. '서양 근대'에 관한 서적이 중국에서 번역되기 시작한 것은 아편전쟁이 일어나기 몇 달 전, 일본에서 난학이 일어난지 100년이나 지난 후의 일이다.

그리고 조선은 외교도 무역도 청조와 일본과만 하고 있었다. 조선은 평균적으로 연 2회 북경에 가는 사절(연행사)이 중요한 해외 정보원이었다. 북경에서는 샴이나 다른 조공사가 가져오는 정보도 입수했지만 조선은 정보 입수면에서 취약했다. 그래서 사신이 직접 스스로 저보邸報라고 부르는 일종의 관보官報를 사거나 아는 사람을 방문해서 정보를 모았다. 일본에 보내는 통신사도 정보를 모아오는 임무를 지고 있었지만 횟수가 적었다(에도시대에 12회 뿐이었다). 게다가 일본에서 모을 수 있는 것은 일본에 관한 정보뿐이다. 조선은 유럽 정세를 알 수 없었고 실제로 거의 알지 못했다.

이렇게 보면 풍설서는 세계사적으로 봐도 대단히 독특하고 유례없는 제도였다고 할 수 있다. 그 배경에는 다양한 사정이 얽혀 있었다고 생각된다.

맺음말

풍설서의 배경

우선 일본 쪽을 보도록 하자.

1640년대에 막부는 내항하는 유럽인을 네덜란드인으로 한정하고 강력한 통제 하에 나가사키에서만 무역을 허용하는 일에 성공했다. 무역의 존속은 쇼군의 의사에 달려있었다. 이 '쇄국' 정책을 관철할 수 있을 만큼의 강한 막부 권력이 풍설서를 성립시킨 조건 중 하나일 것이다. 그렇다고는 해도 정보를 수취하여 에도에 보내는 작업은 나가사키의 통사나 부교의 재량에 맡겨졌다. 그렇기 때문에 지금까지 서술해 온 것처럼 여러 가지 뜻밖의 사건들도 일어난 것이다.

한편 이 '쇄국' 정책으로 일본인의 출국을 금지했던 결과 신뢰할 수 있는 해외정보를 일본인으로부터 얻을 수 없게 되었다. 중국의 정세에 관해서는 다른 경로에 의한 정보가 있었지만 막부가 가장 위험시했던 유럽인의 아시아에서의 활동, 특히 일본에 영향을 주는 공작의 유무를 알기 위해서는 네덜란드인에게 의지하는 수밖에 없었던 것이다. 하지만 의지할 수밖에 없게 되었다는 사실은 일본의 절대 권력자인 쇼군에게는 불리한 일이었다. 그래서 쇼군은 무역을 허가하되 가톨릭의 움직임에 관한 보고를 조건으로 하는 형식으로 만든 것이다. 이 형식은 네덜란드 풍설서가 소멸하는 마지막 날까지 거의 바뀌지 않았다.

더욱이 그 막부의 절대 권력을 지탱하고 있던 어위광御威

※1)의 내실이 압도적인 군사력이었다는 점이 클 것이다. 막부의 어위광은 머나먼 외국까지도 통용된다는 믿음이 적어도 일반 서민들에게는 있었다. 하지만 이 어위광은 예를 들어 외국선이 쏜 대포가 나가사키 부교쇼의 지붕을 무너뜨리는 정도의 일로도 상처 입을 정도로 약했다. 페리 함대가 내항한 이후 막부의 군사력이 절대적이지 않다는 것을 알게 되자 인심이 순식간에 멀어졌다는 사실로도 그것은 분명하다.

그렇지만 자신들의 군사력이 외국에 통용되지 않음을 누구보다도 잘 알고 있던 것은 다름 아닌 막부였다. 유럽 선박의 공격을 받으면 본격적인 반격이나 추격은 할 수 없다는 인식은 17세기부터 19세기까지 일관된 상태였던 것으로 보인다. 그래서 싸우지 않고도 넘어갈 수 있게끔 사전 정보를 필사적으로 구했던 것이다. 지진에 강한 나라를 만드는 것이 아니라 지진 예지에 힘을 쏟는 형국이다.

다음으로 네덜란드 쪽의 사정도 살펴보자.

17세기 네덜란드 동인도회사는 아시아 해역에서의 패권을 유지했고, 본국에서의 선진적인 정보 산업을 배경으로 고도의 정보망을 갖추고 있었다. 그러므로 막부로부터의 정보 제공 의무화는 회사 입장에서는 오히려 바라는 바였을 것이다. 일본

---

1) 압도적인 무력에 입각해 성립된 권력체인 도쿠가와 막부가 가진 위력의 이미지를 가리키는 말. 무수한 의례와 상징으로 떠받들어지며, 말할 수 없을 정도로 높은 곳에 있는 도쿠가와 쇼군이 바로 지배조직 전체를 두렵게 해야 할 빛으로 싸여 있는 '어위광(御威光)'의 궁극의 광원(光源)이다.

맺음말

과의 무역 독점을 유지·강화하는 과정에서 눈엣가시인 포르투갈인이나 영국인 등의 움직임을 당당하게 막부에 일러바칠 수 있게 되었기 때문이다. 게다가 회사는 일관되게 명예나 체면이 아닌 실질적인 이익을 중시한다는 방침이었다. 그러므로 정보 제공이 '봉공'이라고 간주되어도 신경쓰지 않았다.

18세기 네덜란드의 지위는 눈에 뜨이게 저하했다. 경제·군사·정보 등의 모든 면에서 영국에 우위를 뺏겼다. 그러나 일본에서는 어떤 말을 하더라도 믿어주는 상황이었다. 불리한 일에 관해서는 조용히 있기만 하면 문제가 일어나지 않았던 것이다.

18세기 말에 네덜란드가 위기에 빠져 거짓말을 하지 않으면 안 되는 사태가 되었지만 위기는 일시적이었다. 1820년대에 대일무역이 다시 안정되기 시작하자 유럽이나 그 식민지에서 간행된 신문이나 관보를 쉽게 입수할 수 있게 되었다. 일본 상관은 그러한 공개된 미디어를 재료로 하여 최신 정보를 제공할 수 있었던 것이다.

통사의 정보 조작과 번역어의 한계

네덜란드인이 통사에게 이야기한 혹은 풍설서에 적힌 내용이 아무리 유의미하다고 해도 그것이 전부 막부에 전달되었던 것이냐고 묻는다면 답은 '아니오'이다. 오히려 전해지지 않았던 내용 쪽이 훨씬 많았던 것으로 생각된다.

이 책에서는 네덜란드인이 정보를 어떤 식으로 전했는지 뿐만 아니라 어떻게 전하지 않았는지 혹은 전할 수 없었는지에도 주의를 기울였다. 그것은 일본 측과 네덜란드 측 쌍방에서 의도적으로 정보를 취사선택했기 때문이기도 하지만 당시의 일본과 네덜란드 사회가 멀리 떨어져 있었기 때문이기도 하다. 17세기에서 18세기에 걸쳐서 일본내 기리시탄 금지령을 철저하게 하기 위해 막부는 네덜란드인을 이용하려고 했다. 네덜란드인에게 뭔가를 배우자고는 생각조차 해보지 않았다. 통사는 네덜란드인이 얘기한 내용 중 필요하다고 생각하는 것을 뽑아내서 막부가 납득하게끔 적으면 되었다. 그래서 번역 때문에 고생하는 일도 없었던 것이다. 번역으로 고생하게 되는 것은 동아시아에 위기가 도래하는 아편전쟁 후 별단 풍설서가 정리된 문장으로 송부된 이후의 일이다.

네덜란드인과 일본인의 교류의 모든 장면에 네덜란드 통사가 개입되어 있었다고 말해도 과언이 아니다. 공식 문서의 번역이나 중대한 정보의 전달, 교섭 장소에서의 통역은 통사 나카마(仲間)[2]가 독점하고 있었다. 그리고 네덜란드 측에는 일본어 통사는 없었다. 상관원 중에는 몰래 일본어를 배운 사람도 있었다고 여겨진다. 그러나 공적으로는 네덜란드인은 일본어를 쓸 수 없었다. 그러므로 통역이나 번역 과정에서의 정보 조작은 일본측 통사들에 의해서만 가능했다.

---

2) '나카마'란 에도시대의 동종업 종사자끼리의 조합으로, 카르텔의 성격을 띠었다.

맺음말

막부가 공식적으로 네덜란드인의 일본어 학습을 금지한 적은 없다. 하지만 통사나 나가사키 사람들은 네덜란드인과의 독점적인 관계에 의해 얻고 있는 이익을 잃는 일을 두려워하고 있었다. 그래서 네덜란드인의 일본어 습득을 저지하고 있던 것이다.

통사는 네덜란드와의 무역이 존속되지 않으면 생계를 유지할 수 없었다. 또한 통사 자신도 네덜란드인이 가져오는 사私무역품의 판매를 주선하거나 하여 이익을 얻는 일종의 장사를 하고 있었다. 그렇기 때문에 자신들의 생활을 지키기 위해서도 나가사키에서의 네덜란드 무역을 존속시키고자 정보를 조작하는 일이 있었던 것이다. 에도에 있는 막부에 모든 일을 있는 그대로 전했다면 막부와 네덜란드인 사이에 충돌이 생겨서 큰 문제가 되었을지도 모른다. 그들은 네덜란드인이 아닌 자신들을 지키기 위해서 정보를 조작했던 것이다. 상관장 일기나 총독이 수신인인 편지에는, 말한 내용의 일부밖에 막부에 전해지지 않는다는 사실에 대한 상관장의 짜증이나 분노가 적혀 있다. 다만 평소에는 통사의 오역을 묵인하고 있던 막부도 때때로 기강을 숙정肅正하기 위해 오역을 이유로 통사를 대량으로 처벌하기도 했다.

이 책에서는 별로 다룰 수 없었지만 19세기 중반 즈음이 되면 일본 무역으로 올리는 이익을 늘리고 싶다는 역대 네덜란드 상관장의 열의가 너무나 강하게 표현된 나머지 나가사키 부교가 상관장이 하는 말을 신용하지 않게 되는 경향도 있었다.

결국 네덜란드가 가져온 해외정보를 다루는 체제는 통사의 자의를, 일반적으로 표현하자면 나가사키라는 도시의 재량권을 가능하게 하는 것이었다고 할 수 있다. 이는 언뜻 보기에 막부의 강한 권력과 모순되는 듯 하지만, 실은 에도의 막부와 나가사키의 마치町는 상호의존 관계였다. 막부는 나가사키 사람들이 갖고 있던 외국인과 교제하는 노하우를, 소위 완충재로 이용하면서 네덜란드인을 접했다. 통사가 정보를 조작하는 일은 막부에게는 이미 알려진 일일 뿐만 아니라 스스로의 국내적 체면을 유지하기 위해 필요한 경우도 많았다. 지나치면 벌을 내리면 될 뿐인 얘기였다. 풍설서는 에도의 막부와 무역도시 나가사키의 미묘한 역학 관계 속에서 작성되었던 것이다.

 또한 통사가 쥐고 있는 해외정보는 귀중했기 때문에 규슈의 번들은 통사로부터 이를 얻고자하는 경우가 많았고, 통사는 이를 알려주는 대신에 금전적 혹은 그 외의 보답을 받았다. 이처럼 특정 이에 소속되어 일하는 것은 아니지만 특정 다이묘와 깊은 관계를 맺는 일을 '데이리出入', '다테이리籠入' 등으로 부른다. 통사의 개성에 의하기도 하지만 적극적인 통사는 복수의 다이묘가에 출입하면서 전해주는 정보에 미묘한 차이를 두는 (가령 한 쪽에는 전부 알려주지만 다른 쪽에는 반만 알려주는 식) 등의 기술을 구사하면서 쥐고 있는 정보를 가능한 한 비싸게 '판다'는 생각을 했던 것 같다.

 별단 풍설서의 번역에서는 영국이 어느 정도 위협적인지 알고자 했다. 이때 '의회', '법정', '식민지' 등 근대적인 제도나 개념에 관한 체계적인 지식의 부족이 걸림돌이 되었다. 물론 18세기부터 난학이라는 형태로 책을 통한 지식이 어느 정도는 수입되었지만 의학·천문학·군사과학 등이 중심이었다. 시사 정보를 이해하기 위해서 필요한 지리나 정치제도에 관한 지식은 부족했다. 아편전쟁 즈음부터 막부도 학자들도 세계 지리나 국제법 등에 관한 한문서적이나 난서^{蘭書}를 적극적으로 모아서 비교하며 연구를 시작했다. 아무런 준비 없이는 풍설서를 받아도 의미가 없는 시대에 들어간 것이다.

'외교', '내각', '총독'은 모두 고금의 한문서적에서 얻은 중국에 관한 지식을 총동원하여 막말부터 메이지에 걸쳐 만들어진 새로운 일본어다. 그러한 신어^{新語}를 만들어 적용시키고 자신들의 지식으로 재구성해가는 작업이 체계적인 지식의 도입 그 자체였다. 이 시대의 일본인은 유럽의 말을 그대로 가타카나로 고쳐서 만족하거나 하지 않았다. 그 배경에는 에도시대에 널리 배양된 한문 소양이 있던 것이다.

서양으로부터의 속삭임

본래 '맺음말'에는 "네덜란드 풍설서는 일본사에 이러저러한 중요한 영향을 미쳤다"라는 식의 결론을 써야할지도 모른다. 그러나 연구를 하면 할수록 풍설서의 한계가 보여온다는 것도 사실이다. 과대평가를 할 마음은 들지 않는다. 굳이 결론풍으로 말을 해보자면, "풍설서는 에도시대의 일본이 들었던 네덜란드인의 속삭임이었을 뿐이다"라고 할 수 있을 것 같다.

여기서의 '속삭임'은 '험담'으로 바꿔 말할 수도 있다. 네덜란드인은 상적商敵인 포르투갈인·스페인인·프랑스인·영국인·중국인 등을 일본에 접근시키지 못하게 하기 위해 풍설서라는 제도를 이용해서 그들의 험담을 계속해서 속삭였다. 그 속삭임은 스스로 해외 정보를 확인할 수 있는 길이 없던 일본인(특히 막부)에게 있어서 대단히 귀중했기 때문에 험담이라고 알면서도 계속 열심히 귀를 기울였다. 잘 못 알아듣는 내용이나 이해할 수 없는 내용, 이해할 수 있더라도 머릿속에서 밀어낸 내용이 대부분이었다. 지리적인 거리·언어나 문화의 차이·정치제도·편견 그 외의 많은 것들에 방해를 받아 정보는 잘 전달되지 않았던 것이다. 현대의 우리들이 보기에는 그 모습은 우습기까지 할 정도다.

하지만 나가사키 데지마에서 펼쳐진 정보의 교환을 우리들은 웃어 넘길 수 있을까. 풍설서는 에도시대의 대외관계의 한 측면을 잘 나타내는 것이지만 한편으로는 정보의 보편적인 전달 방법을 보여주기도 한다. 극단적으로 일반화한다면 인간은 흥미가 있는 일밖에 알고자 하지 않고 자신의 가치관에 합치하는 일밖에 이해하지 않는 것 아닐까.

그럼에도 무슨 정보든지 간에 그것에 노출이 되었고 아무리 모호하더라도 지식을 갖고 있다는 사실은 아무 것도 모르는 상태와는 전혀 다르다. 일본사를 기준으로 말하자면 전국시대에 해당하는 1532년 현재 페루에 존재했던 잉카의 왕 아타우알파Atahualpa 가 그곳에 도래한지 얼마 안 된 200명에 못 미치는

맺음말

한 무리의 스페인인에게 잡혀서 그 이듬해에 살해되었다. 광대한 국토를 지배하며 신성하고 절대적인 힘을 가졌던 잉카왕이 대규모 전쟁도 없이 어이없게 살해된 것이다. 왕은 스페인 사람이 왕국의 영토에 들어왔을 때 척후斥候를 파견했으나 척후의 보고는 "그들도 신이 아닌 우리와 같은 인간입니다"라는 정도의 것이었다. 이때 잉카 사람들은 스페인인에 관해 전혀 아무 것도 몰랐고 무슨 영문인지도 모르는 사이에 위기에 빠진 것이다.

이와 비교한다면 에도시대의 일본인은 여러 가지 지식을 갖고 있었다. 1853년 우라가에 매튜 페리의 함대가 왔을 때(물론 1532년의 스페인과 1853년의 미합중국은 전혀 다르지만) 막부는 미대통령의 서한을 받고 나서 "내년에 답을 할 것이니 다시 오도록 하라"고 전해 함대를 떠나게 만들었다. 그 전 해에 별단풍설서로 함대의 내항 소식을 예고 받았음에도 불구하고 대응 방침이 정해지지 않아서 갈팡질팡하며 의연한 대응을 취하지 못했다고 알려져 있지만, 자국의 체제 전체에 커다란 영향을 주는 안건에 관해 즉단하지 않고 우선 상대가 하는 말을 제대로 확인한 후에 서로 의논하고 숙려하여 답변하는 태도는 지극히 올바르다고 할 수 있다.

에도시대의 일본은 완전히 고립되어 있던 것이 아니라 세계사의 문맥 속에 확실하게 자리 잡고 있었다. 이 사실은 이미 많은 논자가 지적하고 있는 점이기도 하고 이 책으로도 분명해졌을 것이다. 막부는 '바깥'의 존재를 인식한 다음에 사람이나 물건, 정보의 움직임에 엄격한 제한을 걸었다. 그렇기 때문에 '바깥'의 정황을 알기 위해 풍설서를 필요로 했던 것이다.

보론 : 통역과 '네 개의 창구'

마쓰카타 후유코†)

언어의 정치성

청조 최전성기의 황제인 건륭제는 1780년에 그의 고희를 축하하기 위한 명목으로 북경을 방문한 티벳 불교의 고승인 판첸 라마를 맞이하기 위해서 스스로 티벳어의 일상 회화를 배워 티벳어로 말을 걸었다.[1] 여기서 통역사를 두게 되면 일을 망치게 되는 것이다. 자신의 입에서 흘러나오는 언어를 권력이나

---

†) 이 보론은 본서의 이해를 돕기 위해 저자가 추가적으로 제공한 松方冬子 「通譯と『四つの口』」, 荒野泰典他 編『日本の對外關係6 近世的世界の成熟』吉川弘文館, 2010을 번역한 것이다. 보론으로 싣는 과정에서 어구 등을 약간 수정하였다.

1) 石濱裕美子『チベット佛敎世界の歷史的硏究』東方書店, 2001; 平野聰『興亡の世界史 17 大淸帝國と中華の混迷』講談社, 2007.

보론 : 통역과 '네 개의 창구'

돈으로 손에 넣을 수는 없다. 그렇기 때문에 티벳어 회화는 판첸의 마음을 사로잡았음에 틀림없다. 언어가 갖는 고도의 정치성을 잘 나타낸 일화다.

이 글의 과제는 일본이 '네 개의 창구'에 의해 해외와 연결되어 있던 시대, 다시 말해 에도시대 중에서도 이른바 '간에이 寛永 쇄국'으로부터 막말기의 개항에 이르기까지인 1640-1859년대에 통역이라는 행위가 각각의 '창구'에서 어떻게 이루어졌으며 누가 그 일을 담당했는지에 대해 생각하는 일이다. 특히 18세기 후반까지를 주된 고찰 대상으로 삼는다. 왜냐하면 '네 개의 창구'라는 틀이 설정된 것이 17세기이고 그것이 실제 상태로서 정착하여 고정화되는 것이 18세기이기 때문이다. 18세기 말이 되면 영국·러시아·프랑스 배들이 일본 근해에 나타나게 되고 개항·통상 요구가 여러 형태로 이루어지게 된다. '네 개의 창구'가 체제로서 의식되기 시작한 것은 바로 이러한 동향에 대한 대응의 하나였던 것이고, 19세기가 되어서의 일이지만 그 시기에는 이미 실질적으로 '네 개의 창구' 체제를 유지할 수 없게 된 상태였다.[2]

이 장에서 대상으로 삼은 시기의 통역 연구사를 살펴보면 우선 아라노 야스노리의 「통역론」[3]을 꼽을 수 있다. 아라노는 무라이 쇼스케의 "경계성을 지닌 인간 유형을 '마지널

---

2) 鶴田啓「近世日本の四つの'口'」『アジアの中の日本史Ⅱ 外交と戰爭』東京大學出版會, 1992.
3) 荒野泰典「通譯論―序說―」『アジアのなかの日本史Ⅴ 自意識と相互理解』東京大學出版會, 1993.

맨marginal man'이라고 부른다. 그들의 활동이 국가적 내지는 민족적인 귀속의 애매한 경계 영역을 일체화시키고 '국경에 걸쳐있는 지역'을 만들어낸다"[4]라는 논의를 원용하여 "이민족 상호가 접촉하고 교류할 때에는 이를 매개하는 장=경계가 생기고, 매개하는 사람들=통역이 발생하거나 혹은 매개하는 말='공통어'가 생겨난다"라는 것을 전제로 근세 초기 나가사키에서 벌어진 통역의 존재 양식을 논했다.

다시 말해 아라노도 무라이도 "같은 언어를 쓰는 민족"의 존재를 논의의 전제로 하고 있는 것이다. 그러나 전근대 사회에서는 고개 하나 넘어가면 말이 통하지 않는 것이 당연한 일이었고, 광역에 걸친 "같은 언어(특히 구어)를 쓰는" 인간 집단이란 있을 수 없었으며, 음운 분석도 문법 해석도 존재하지 않으므로 언어학적인 친소親疎 관계도 몰랐다.

또한 아라노에 의하면 통역자는 '마지널 맨(경계인)'이었던 것이 되며 무라이의 설명을 참조하면 '경계인'은 "국경을 넘는 지역", 즉 중앙에서 떨어진 변경 지역에서 활동한 사람들이라는 말이 된다. 피진어[5]나 링구아 프랑카[6]와 같은 '공통어'가 반드시 사용된다고도 할 수 없다. 복수의 말을 하는 사람들

---

4) 村井章介『中世倭人傳』岩波書店, 1993
5) 피진어(pidgin language)는 두 종류의 언어가 섞여 만들어진 혼성어를 가리킨다. 참고로 필자는 피진어에 대해 어떠한 경멸감도 갖고 있지 않다.
6) 링구아 프랑카(lingua franca)는 중세 유럽에서의 라틴어나 근세 동남아시아의 말레이어 등 광역적으로 통용된 언어를 말한다. 여러 가지 뜻으로 쓰이지만 여기서는 굳이 엄밀한 정의를 내리지 않는다.

보론 : 통역과 '네 개의 창구'

이 변경 지역에만 있는 것도 아니다. 앞서 소개한 일화에서는 세계의 중심인 중화의, 그 중에서도 중심에 있는 청조 황제가 한어漢語도 만주어도 아닌 언어를 일부러 습득하여 손님을 맞이했다. 물론 건륭제는 그럴만한 정치적인 이유가 있었던 것이고 청조 황제야말로 전형적인 '경계인'이었다라고 보는 해석도 성립한다. 실제로 청조는 각 지역의 궁전이나 문의 편액에 적어도 만주어와 한어를 병기시키고 때로는 몽골어나 티벳어도 병기시켰다. 청조는 복수의 언어를 존중함으로써 권력 기반을 유지했던 것이다. 그러나 청조에 관한 논의는 이 글에서 논의하고자 하는 범위를 벗어난다. 여기서는 "네 개의 창구"에서의 통역의 존재 양식을 가능한 한 허심탄회하게 보는 일부터 시작하고 싶다.

통역은 구어를 매개로 하며, 회화의 속도를 어느 정도 유지하면서 당면한 문제를 해결하고 업무를 원활하게 하기 위해 행하는 것이다. 그러므로 양자의 사회적 문맥에 맞춰서 편의상의 발췌 번역이나 고의로 바꿔말하는 일이 현대의 전문 통역가들에게도 오히려 일상적인 것이다.

에도 시대에는 전업이든 겸업이든 통역을 생업으로 하는 사람들을 통사通詞라고 불렀다.[7] 도리이 유미코鳥井裕美子는 '통사 체제'라는 말로 나가사키내 통역의 존재 양식, 나아가서는 막번 체제 하의 사회가 가진 특질을 한마디로 표현하고자 했

---

7) 通辭·通事로 쓰기도 한다.

다.[8] 도리이가 말하고자 하는 바는 일본인과 외부간 (언어) 접촉의 장과 그곳의 통역담당자를 통사로 한정하고 안으로부터의 정보도 밖으로부터의 정보도 통사가 독점적으로 관리하는 체제라는 것일 것이다. 나도 이 의견에 기본적으로 찬성한다. 그에 더해 '네 개의 창구'의 존재 양식을 연구사에 의거하면서 살펴보겠다.

우선 논의의 전제로서 근세 일본 열도 주변의 언어 분포를 확인하겠다.

언어학자는 '일본어'를 크게 본토 방언과 류큐 방언으로 나눈다. '류큐 방언'을 '오키나와어'나 '류큐어'라고 부르지 않는 것은 무엇보다도 정치적인 문제이지 언어학적인 문제는 아니다. 예를 들어 언어학적으로 볼 때 네덜란드어와 베를린의 독일어와의 거리는, 스위스의 독일어와 후자의 거리와 거의 같다. 그럼에도 불구하고 '네덜란드어'를 '독일어'라고 부르지 않는데 비해 스위스의 독일어를 '독일어'라고 부르는 것은 정치상의 문제이다. 그 차이를 결정짓는 것은 네덜란드어가 독자적인 정서법正書法을 갖는 것과 달리 스위스의 독일어가 베를린의 독일어 서기 체계를 채용하고 있다는 사실이다. 이 선택 자체가 정치적인 이유에 의한 것이다.[9]

---

[8] 鳥井裕美子「安政二年の長崎―通詞體制の崩壞？―」『江戶時代の日本とオランダ』, 2001

[9] フロリアン・クルマス(Florian Coulmas) 著, 山下公子譯『言語計畫ならびに言語政策の研究』岩波書店, 1987

보론 : 통역과 '네 개의 창구'

　본토 방언과 류큐 방언은 문법적으로 닮아 있고 어휘도 공유하지만 발음 차이는 크다. 본토 방언도 다양하며 참근교대를 한 일부 무사층이나 가도^{街道} 부근·항구 마을에 살던 사람들을 제외하고는 자신의 마을이나 지역의 말밖에 이해하지 못하는 사람들이 당연히 대다수였을 것이다. 가도 부근에서 여행에 익숙하지 않은 사람끼리 만나 이야기할 때는 구어가 통하지 않아서 임시방편의 피진어(예를 들어 히타치^{常陸} 말과 미카와^{三河} 말을 뒤섞은 말)로 의사소통이 이루어졌으리라 생각된다. 그렇다면 '일본어'라는 언어의 틀이 성립할 수 있는가라는 의문이 일어날지 모른다. 그러나 예를 들어 구치^口(입)·시마^島(섬)·쓰키^月(달)처럼 하북^{下北}반도에서 오키나와까지 사용된 지역에 따른 차이가 거의 없는 일본어의 기반 어휘도 확실히 존재한다.[10]

　한편 문어의 세계에서 본토 방언은 근세초에 이미 긴 전통을 가진 상태였다. 류큐 방언도 이른바 고^古류큐 시대에 가나 문자를 많이 쓴 류큐 방언에 의해 독자적인 문서 형식이 성립되었지만,[11] 시마즈^{島津} 씨의 지배 하에서 소로문^{候文}으로 적힌 고사쓰^{高札}[12] 등도 수용되었다.[13] 그리고 근세 초기에 편찬된 역사서를 봐도『중산세감^{中山世鑑}』(1699년 성립)은 일문^{和文}으

---

10) 德用宗賢『方言地理學の展開』ひつじ書房, 1993
11) 高良倉吉『琉球王國の構造』吉川弘文館, 1987
12) [역주] 고사쓰는 에도 시대에 막부나 번의 명령 등의 방문을 써서 세워둔 알림판이다.
13) 眞榮平房昭「近世日本の境界領域―琉球の視點を中心として―」『列島史の南と北』吉川弘文館, 2006

로 편찬되었고 나중에 그 한역본 『중산정보中山正譜』(1723년 편집)가 만들어졌다.[14] 오키나와의 문자세계는 다양하고 중층적이었다고 할 수 있을 것이다.

지금의 홋카이도北海道에서 사할린・지시마千島 열도에 걸쳐 널리 사용되었던 '아이누어'는 '일본어'와는 문법을 달리하며 고유의 문자를 갖지 않는다. 그리고 아이누가 부족 사회였고 거주 지역도 여러 섬에서 대륙에까지 걸쳐있었다는 사실로부터 아이누어 안에도 방언이 다양했음을 상상할 수 있다.

한국어의 음운 체계는 '일본어'와 상당히 다르지만 문법적으로는 유사성을 갖는다. 한어에서 차용한 어휘를 많이 포함한다는 점에서도 '일본어'와 유사하다. 또한 일본의 순수 일본어大和言葉에 상응하는, 토착 어휘를 표기하기 위한 한글은 조선왕조하에서 개발된 체계적 표음 문자이다(가나처럼 자연발생적이지 않다).

한어(중국어)는 '일본어'와 전혀 다른 문법을 가지며 지역에 따라 발음의 차이가 대단히 크다. 관리들이 말하는 한어를 '관화官話'라고 부른다. 일본인은 문어 면에서는 한문 훈독이라는 방법으로 문법의 차이를 극복하여 근세 일본의 지식인은 한문을 읽고 쓰는 일이 가능하긴 했다.

한편 네덜란드어는 서부 게르만어의 일부로 17세기에는

---

14) 田名眞之「自立への模索」『日本の時代史18 琉球・沖繩史の世界』吉川弘文館, 2003

보론 : 통역과 '네 개의 창구'

아직 스스로 '독일어^{Duits}'라고 불렀다. 네덜란드어로는 통사를 보통 '톨크^{tolk}'라고 하는데 이 단어는 슬라브어를 어원으로 한다. 이는 네덜란드에 사는 사람들에게 있어서 통역이 필요했던 최초의 상대가 슬라브어 화자였음을 시사한다.

이 보론에서는 '일본어'의 본토 방언을 일본어, 류큐 방언을 류큐어라고 부른다.

'네 개의 창구'의 통역

'쓰시마 창구'

쓰시마는 중세 이래로 조선 반도와 일본 열도와의 교류를 중개해 왔다.

사료에 나오는 통사로는 도요토미 히데요시의 조선 출병 때의 사례가 알려져 있다.[15] 침략 전쟁은 그때까지 다른 언어를 다뤄본 적이 없는 사람들을 그것에 직면하게 만드는 요인 중 하나이다. 게다가 전시 통역에 필요한 언어 능력은 포로의 심문이나 낯선 땅에서의 길 안내 등 복잡다양하며 연안부에서의 일상적인 상업 활동이나 의례적인 교섭과는 질적으로 다르다. 여기에서 통사의 필요성이 발생하는 것이리라.

그 후 근세의 어느 시기까지 쓰시마번에는 전문가 집단으로서의 통사가 특별히 존재하지 않았던 것 같다. 부산의 왜관으로

---

15) 田代和生「對馬藩の朝鮮語通詞」『史學』60-4, 1991; 米谷均「對馬藩の朝鮮通詞と雨森芳洲」『海事史研究』48, 1991.

건너 간 많은 번사·조닌^{町人}이 교역 등을 통해 조선어를 말할 수 있었고, 아마도 조선반도 남해안 지방의 사람들도 쓰시마의 말을 얘기하는 경우가 많았기 때문이다. 쓰시마 번에 통사역 본역通詞役本役과 계고통사稽古通詞를 새로 두게 된 것은 1682년 경부터이다. 그들은 원칙적으로 통역만을 담당했던 듯하며 부산의 왜관에서는 왜관 안에 있는 동교사東校寺의 주지가 조선과 일본의 왕복 문서(한문 서한)의 체크를 담당했다.[16]

쓰시마번의 번유藩儒 아메노모리 호슈雨森芳洲는 조선어를 충분히 잘 구사할 수 있는 인물이 적다는 사실을 걱정해 조선어 통사 양성을 구상했다. 그 내용은 번내의 특권 상인 집안 자제를 대상으로 한 부산 왜관으로의 유학, 조선어 교과서의 작성 등이다.[17] 쓰시마의 경우 조선 영내에 있는 부산으로의 유학이 가능했다는 점에서 류큐의 가라唐통사와 나란히 혜택받은 지역이었다. 그리고 교과서로 중국 고전의 입문서인 『십팔사략十八史略』을 조선어음으로 표기한 책이 만들어졌다는 점은 다른 언어를 말하면서도 중국 고전이라는 공통의 문화적 바탕을 갖고 있었다는 일본과 조선의 특별한 관계를 보여준다.

18세기 중엽에는 쓰시마의 통사역 중에 대통사大通詞·통사·계고통사·오인통사五人通詞 등 여러 종류가 있었음을 알 수 있다. 한편 조선 측에는, 관료인 왜학역관倭學譯官(훈도訓導·별차別差)이 휘하의 소통사小通詞 등을 이끌어 임무에 임하고 있었다.

---

16) 鶴田啓「近世日朝貿易と日朝接觸の特質」『歷史評論』481, 1990.
17) 각주 15 田代和生, 1991; 米田均, 1991 참고.

보론 : 통역과 '네 개의 창구'

조선 왕조에서는 통역이나 번역을 다루는 관청인 사역원司譯院에 왜학을 두어 왜학 시험을 위해 어학서에도 깊은 관심을 기울이는 등 일본어 연구는 중시하고 있었지만, 실제로 왜관에서 일본인과 접촉하는 훈도나 별차는 임기도 짧고 신분적으로도 대단히 불안정했다. 1800년 전후에 쓰시마번의 통사와 조선의 역관 사이에 주고받은 사적인 왕복 서신은 모두 한자와 한글이 섞인 조선어로 쓰여 있다. 통사끼리의 회화는 기본적으로 조선어로 이루어지고 있었음을 짐작케 한다.[18]

이상에서 살펴본 것과 같이 쓰시마 창구에서는 ①전문가 집단으로서의 통사 활동을 보여주는 일본측(쓰시마) 사료가 뒤에서 말할 '나가사키 창구'에 비해서 상대적으로 적다(언어 독점의 정도가 약하다는 사실을 시사함), ②조선 왕조 측에도 왜학역관이 있었다, ③한자·중국 고전이라는 폭넓은 언어문화를 공유하고 있었다는 특징이 있다. ①의 특징은 조선어와 일본어가 문법적으로 매우 유사하며 긴 교류의 전통이 있었다는 점도 하나의 요인이 되었을 것이다. ②의 특징은 단순히 통역이 쌍방향적으로 가능했다는 점뿐만 아니라 조선 측도 일본인과 자국민과의 접촉을 최소한으로 유지하기 위해 일본의 '통사 체계'와 유사한 체제를 취하려고 했다는 사실을 보여준다.

---

18) 각주 16 鶴田啓, 1990 참고.

'사쓰마 창구'

'사쓰마 창구'는 류큐로 열린 길이다. 전술한 바와 같이 류큐어와 사쓰마의 말은 언어학적으로 상당히 다르다. 그러나 시마즈씨의 이른바 류큐 정벌 때조차도 전시 통역을 맡았던 '통사'의 존재가 알려져 있지 않다는 사실은, 양자 사이에 긴 교류가 있었고 특히 류큐 측에 양쪽의 말을 구사하는 사람들이 다수 존재해 비전문가 통역으로도 충분했기 때문일 것이다.

근세 사쓰마번은 표류민 대책이나 아마도 밀무역을 위해서 통사를 확보하고 있었지만 이는 조선·가라唐·네덜란드 통사이지 류큐 통사는 아니다. 사쓰마 창구의 가라 통사에 관해서는 중국선이 표착한 경우에 대비해 관화官話보다 남경어를 학습하는 일이 권장되었다.

'사쓰마 창구'에 관련해서 주목할 점은 오히려 류큐의 가라 통사이다. 류큐 왕국에서는 슈리首里·나하那霸·도마리泊의 사족이라면 일본어·한어(관화)의 소양이 불가결했으며, 그러므로 왕국의 중추를 차지하는 사람들은 원칙적으로 3개국어 화자trilingual였다고 할 수 있다. 그렇기 때문에 슈리나 나하를 중심으로 한 류큐 왕국에서는 '경계인'론이 그다지 맞아 떨어지지 않는다. 하지만 공식적인 장면에서의 한어(관화) 통역이나 한문 문서 작성은 나하의 구메촌久米村(도에이唐營)에 집단으로 거주하는 중국으로부터의 이민 집단이 선조인 사람들이 맡았다. 근세가 되면서 과거의 이민 집단은 약화되었고 한어에 능한 류큐인이나 일본인을 구메촌에 입적시키는 일도 행해졌다.

보론 : 통역과 '네 개의 창구'

그러나 중국인의 후예라는 의식이 사라지지는 않았던 듯하다. 또한 구메촌 사람은 중국으로 보내는 조공에 종사하는 직능집단이라는 점에서 인재육성에 힘을 쏟고 중국의 책봉사가 귀국할 때에 파견하는 방식으로 유학생을 중국에 보냈다.[19] 한편 류큐 사절이 도항하는 푸저우福州의 류큐관에 출입하는 중국측 관리인 토통사土通詞(하구통사河口通詞)는 상당히 유창한 류큐어를 말했던 것 같다.[20] 류큐는 중세 이래로 일본과 중국 사이의 '경계'로서의 전통을 갖고 있었다. '네 개의 창구'론에서는 류큐를 관할했던 역할을 담당한 '사쓰마 창구'도 포함하지만, 언어면에서는 사쓰마와 류큐가 일체화되어 '경계'로서의 역할을 하고 있었다고 말할 수 있을 것이다. 사쓰마·류큐는 통사에 의한 언어의 독점이 약하고 한문 문화를 공유하고 있었다는 의미에서 쓰시마·부산과 유사하다.

또한 류큐에는 18세기말 이후 조선어 통사도 있었다. 조선어 통사는 류큐 사족 중에서 가장 임관에 불리했던 층이 표류민 등을 통해 조선어를 습득해 통사로서의 '직책'을 획득하는 형태로 정착되어 갔다.

쓰시마의 조선 통사가 자신들의 출신을 조선에서 구하지 않았던 데 비해 구메촌의 가라 통사가 중국인의 후예라는 자기

---

19) 眞榮平房昭「對外關係における華僑と國家―琉球の閩人三十六姓をめぐって―」『アジアのなかの日本史Ⅲ 海上の道』東京大學出版會, 1992.
20) 喜舍場一隆「琉球における唐通事」『近世日本の政治と外交』雄山閣出版, 1993

인식을 하고 있었다는 점은 특기할 만한 사항이다. 그들은 '가보家譜'를 통해 스스로가 중국 출신임을 계속 확인했다.

'마쓰마에 창구'

'마쓰마에 창구'는 아이누와의 관계를 관장하는 창구이다.

아이누가 일본어를 학습하는 일은 마쓰마에번의 법령이 일반적으로 금지하지는 않았지만, 장소청부제場所請負制21)의 장소 단위에서는 제법 엄격하게 제한되고 있었던 듯하다. 1799년에 에조치蝦夷地를 막부 직할령으로 만들었을 때에는 아이누의 일본어 습득을 촉진시키려고 했던 듯하지만 관철되지 못했다. 실제로는 일본어를 말할 줄 아는 아이누도 있었던 듯하지만,22) 아이누가 공식적인 장소에서 일본어를 말하는 길은 닫혀 있던 것이다.

아이누어와 일본어의 통사인 에조蝦夷 통사에 관해서는 몇 개의 논고가 있다. 1669년의 샤쿠샤인シャクシャイン의 봉기23) 때에는 쓰가루津輕번이나 마쓰마에번 진영에 전시 통역사로

---

21) [역주] 장소(場所, 바쇼)는 아이누와 교역하는 지역을 가리킨다. 농업을 기반으로 할 수 없었던 마쓰마에번은, 아이누와의 교역에서 생기는 이익을 가신들의 수입으로 인정했고, 교역권 자체는 상인들에게 위탁하여 경영을 청부했다.
22) 佐々木利和「アイヌイタク エラム アナ」, 1990『アイヌ史の時代へ: 餘瀝抄』北海道大學出版會, 2013.
23) [역주] 1669년에 동(東)에조의 시부차리라는 지역에 거점을 둔 아이누의 수장 샤쿠샤인이 일으킨 봉기. 마쓰마에번이 아이누와의 무역에서 일본인측의 주도권을 확보하기 위해 벌인 일련의 사태들이 그 배경에 있다.

보론 : 통역과 '네 개의 창구'

에조 통사가 있었다는 사실이 알려져 있다. 그 후, 교역을 돕는 존재로서 통사가 사료에 등장한다. 일회성으로 교역 기간 동안만 고용하며, 마쓰마에 및 그 근교에서 모집했던 것 같다. 또한 우이마무^{ウイマム} 등 마쓰마에번의 행사를 위한 통사도 있었으며, 1850년대의 마쓰마에번의 분겐초^{分限帳24)}에는 '통사'· '통사 견습'이 보인다. 한편 장소청부제가 확립된 시기에는 에조 통사가 일본인에 의한 아이누 지배의 제1선이자 아이누를 수탈하는 당사자이기도 했다.[25] 교역의 장이 넓게 흩어져 있는 상황에서 각 '장소'에 통역만을 생업으로 삼는 존재가 있었다고는 생각하기 어렵다.

일본인이 만든 일본어와 아이누어의 대조 번역어휘집은 전해지지만 그 안에는 아이누의 전통문화 속에는 존재하지 않는 어휘가 있으며 에조 통사에 의해 만들어진 어휘도 다수 포함되어 있다. 사사키 도시카즈^{佐々木利和}는 이러한 말을 '일본어적 아이누어'라고 부른다. 나아가 사사키는, 남아 있는 에도 시대의 아이누어 문서의 일반적 형태가 "[아이누의] 말을 우선 일본어로 번역하고, 거기에 인칭이나 접사 등의 문법을 무시하고 축어적으로 아이누어를 붙인 것으로 보인다"[26]고 한다. 사사키가 소개하는 사료(아이누가 일본인에게 말한 내용을 적어둔 것)

---

24) [역주] 도쿠가와 시대에 다이묘 가문의 가신들 이름, 녹고(祿高), 지위, 역직 등을 적은 장부.
25) 佐々木利和「蝦夷通詞について」『民族接觸』東京大學出版會, 1989.
26) 각주 22 佐々木利和, 1990 참고.

와 아이누어의 단어에 일본어의 "테니오하てにをは"[27]나 '코토 こと'[28] 등을 보완해서 표현한 것이라고 하는 사사키의 설명을 필자 나름으로 해석해보고자 한다. 필자는 아이누어의 소양이 전혀 없으므로 오해가 있다면 비판을 바란다.

'일본어적 아이누어'란 아이누어를 기저 언어로 하는 피진어이다. 아마도 에조 통사가 아이누와의 의사소통을 위해서 만들어 낸 것이라고 하더라도 아이누측 역시 일본인과 얘기하는 방편으로서 이와 같은 피진어를 받아들인 것이 아닐까. 피진어가 생겨나는 경우 군사적 내지는 경제적으로 우세한 측의 언어가 기저 언어가 되는 일이 많다고 하는데, '일본어적 아이누어'의 기저 언어가 일본어가 아닌 아이누어인 것은 아이누의 일본어 학습이 원칙적으로 금지되어 있었기 때문일 것이다. 모멸적인 뉘앙스가 있는 아이누어의 '샤모'라는 말이 '일본인'을 의미하는 어휘로 아이누와 접촉하는 일본인 내에 정착한 사례도 있다. 이러한 현상은 일본인이 아이누 사회의 문맥에 신경 쓰지 않았고 아이누 사회에 뿌리내린 아이누어를 배우고자 하지 않았기 때문이라고 생각하는 편이 자연스럽다. 일본인은 자신들이 말하고자 하는 내용을 전하려고는 했지만, 아이누 쪽의 할 말에는 귀를 기울이려고 하지 않았다라는 사사키의 결론에 찬성한다.

---

27) [역주] '테', '니', '오', '하(와)'는 각각 일본어의 조사로, 조사를 통칭할 경우에 이처럼 표기한다.
28) [역주] 한국어의 '것'에 해당하는 일본어.

보론 : 통역과 '네 개의 창구'

'나가사키 창구'

'나가사키 창구'가 관장하고 있던 것은 표류민 등의 예외적인 경우를 제외하고 통킹·샴 사람 등을 포함하는 당인唐人과 독일·스웨덴인 등을 포함하는 네덜란드인과의 관계이다.

나가사키에는 전자에 대응하기 위해 한어를 이해하는 가라唐 통사가 있었다. 그리고 당선唐船이 동남아시아로부터도 내항했던 18세기 전반까지는 통킹 통사, 샴 통사, 모르maure 통사29) 등도 마련되어 있었다. 또한 후자에 대응하기 위해 네덜란드 통사가 마련되었다. 네덜란드 동인도회사의 직원은 직장 언어로 네덜란드어를 사용했으며 모어가 아니더라도 포르투갈어·영어 등 다른 유럽 언어에 능한 사람들도 포함되어 있었다.

나가사키의 가라 통사는 중국에서 이주해 온 '주택당인住宅唐人'30)이 나가사키 관리로 근무했다. 그들도 가계도 등에 의해 류큐 구메촌의 가라 통사처럼 자신들이 중국 출신임을 계속 주장했다.31)

네덜란드 상관이 히라도平戶에 있던 시대에 일본인과 네덜란드인을 중개했던 것은 네덜란드 동인도회사가 고용한 일본인 통사였지만, 상관의 나가사키 이전과 함께 통사는 나가사키 부교의 지배하에 놓이고 통역뿐만 아니라 네덜란드인의 감시도

---

29) 샴을 본거지로 하는 이란계의 상인을 위해 페르시아어를 다루었다.
30) 일시적으로만 체재하는 '도항당인(渡航唐人)'에 대응하는 개념.
31) 林陸朗『長崎唐通事―大通事林道榮とその周邊』吉川弘文館, 2000.

담당하게 되었다.[32] 네덜란드 통사는 나가사키 토착 관리地役人의 통사 나카마仲間가 독점적으로 담당했다. 그들은 에도 시대 내내 막부보다는 오히려 나가사키, 즉 자신들의 이익을 우선하여 행동했다. 나가사키의 네덜란드 통사는 동시에 네덜란드인이 필요로 하는 목수 등의 직공을 수배하고 에도 상경 도중의 뒷바라지 등 네덜란드인을 일본 사회에 적응시키기 위한 만반의 일을 취급했다.

17세기 말 즈음까지는 네덜란드인과의 회화에 매개언어로서 포르투갈어가 사용되었다. 네덜란드 동인도회사의 동인도 총독은 때때로 네덜란드인의 일본어 학습을 출원했지만, 받아들여지지 않았다. 막부가 정식으로 그러한 포고를 내린 흔적은 없다.[33] 통사를 포함한 나가사키 당국이 자신의 독점적인 권익을 지키기 위해서 일본어를 가르치지 않았던 것이리라. 일본어를 어느 정도 할 수 있게 된 네덜란드인이 그런대로 있었던 흔적은 있지만 공식적인 장소에서 사용하는 것은 허락되지 않았다. 공식적인 장면에서의 일본어 사용이 저지된 것은 통사를 거치지 않은 네덜란드인으로부터의 소원訴願을 불가능하게 하고 모든 거래에 있어서의 경쟁원리 배제를 통해 나가사키 당국의 독점 가격을 강요한다는 의미였다. 이는 에조에서 아이

---

32) 각주 3 荒野泰典, 1993참고.
33) Tanaka-Van Daalen, Isabel. "Communicating with the Japanese under *Sakoku*: Dutch Letters of Complaint and Attempts to Learn Japanese." in *Large and Broad: the Dutch Impact on Early Modern Asia*, edited by Nagazumi, Yōko, 76–129. Tōkyō: Toyo Bunko, 2010.

보론 : 통역과 '네 개의 창구'

누의 일본어 학습을 저지시켰던 사실과 크게 유사한 흥미로운 지점이다.

다만 에조 통사와는 근본적으로 다른 점이 있다. 시간이 흐를수록 네덜란드 통사는 막부로부터 통역뿐만 아니라 번역의 능력도 기대되었던 것이다. 이는 통사 이외의 존재가 한문을 구사했던 대對 조선인·중국인과의 관계나 문자를 가지지 않은 아이누와의 관계와 전혀 다르다.

시간이 지날수록 네덜란드 통사는 네덜란드어에 의한 의사소통을 지향했다. 19세기 초 즈음의 네덜란드 상관장인 헨드릭 두프에 의하면, "일본의 통사가 말하는 네덜란드어는 대단히 엉망이며" 일본인 통사는 네덜란드인이 공식적으로 쓰기에 걸맞은 문체와는 다른 '일본식 네덜란드문'을 썼다. 이는 '일본어적 아이누어'에 상응하는 피진 네덜란드어라고도 부를 수 있을 것이다(구체적인 검증은 향후의 과제로 삼겠다).

어떤 언어로 쓰인 문장을 다른 문어로 표현하는 일은 구어에서의 통역과 거의 같다. 한문을 공유하지 않는 네덜란드어와의 사이에서는 이런 의미에서의 (즉석) 번역이 필요했다. 이처럼 실용만을 목적으로 한 번역에서는 통역에서처럼 고의 또는 부주의로 인한 오역·초역抄譯·개변이 발생한다.

예를 들어 가타기리 가즈오片桐一男가 소개하는 18세기의 네덜란드 통사를 위한 번역 참고서에는 네덜란드인이 쓴 문장(아래)이 있는데 이를 일본어로 번역한 답신(그 아래)은 내용이 좀 다르다.

> "아래의 서명자인 양 상관장은, 쓰시마 영주의 4500근의 후추 주문에 관해서 금후 매년 가져올 것을 귀하[가이쇼시라베야쿠會所調役]에게 보증합니다. 그것[쓰시마 번주 주문의 후추]은 작년에 상세한 주문이 [네덜란드 통사에 의해] 이루어지지 않았기 때문에 가져오지 못한 것입니다." (마쓰이 요코松井洋子 번역문 부분수정)

> "지난 해에 말씀하셨던 매해 후추 4500근을 별도로 가져오도록 하신 일을 하기로 말씀드렸던 바, 후추 산출지에도 말해두었는데, 올해 바타비아에서 [일본으로] 출발하기 전에 [후추 산지에서의 배가] 도착하지 못하여 … 내년부터는 모쪼록 위 주문하신 양을 가져갈 수 있도록 하겠습니다. …" (가타기리 가즈오 번각문)

"작년 네덜란드인에게 보낸 주문 방법에 미비한 점이 있었다"라는 네덜란드인의 주장이 완전히 무시된 채 "후추 산지에서 바타비아로 가는 배 도착이 늦어졌다"는 이유로 탈바꿈되어 있다. 통사가 편의상 의역이나 초역을 하는 데에 그치지 않고 내용 자체를 고친 것이다. 통사가 네덜란드인이 하는 말에는 전혀 귀를 기울이지 않고 네덜란드인과의 언어 접촉을 독점하고 있는 상태를 이용하여 자신에게 유리한 번역을 만들어내고 있던 상황을 알 수 있다. 그러한 의미에서 에조 통사가 아이누를 대하는 태도와의 공통점을 발견할 수 있다.

그러나 시간이 지남에 따라 네덜란드 통사는 독해력을 중심으로 본격적인 네덜란드어 습득을 하는 방향으로 나아갔다.

보론 : 통역과 '네 개의 창구'

통사에게 기대되었던 번역 능력은 이윽고 단순한 실용 차원을 넘어서 사물에 관해 말하는 방식이나 생각하는 방식 등 가치관을 포함한 상대의 언어 그 자체를 자신의 언어 내부에서 재생하고자 하는 방향으로 향한다. 그리고 그러한 전통 위에서 번역에 의해 성립한 학문인 난학蘭學이 탄생했다. 번역을 학문으로 간주하는 토양은 번역 문화로서의 일본 근대를 준비했다고도 말할 수 있을 것이다.

'일본어'의 창출

근세의 통사는 전시 통역의 필요에서 발생했다. 침략 전쟁은 그때까지의 자연 발생적인 통사를 통일정권이나 그 분기로서의 번藩 치하에서 재편성하는 방향성으로 이끌었다.

에도 막부는 대외관계를 한정함으로써 그때까지는 존재하지 않았던 것 같은 좁고 강고한 '경계'로서의 '네 개의 창구'를 낳았다. '사쓰마 창구'는 다소 예외적이지만, '창구'에서는 원칙적으로 언어의 매개자인 통사가 언어면에서의 교류를 거의 독점하고 있었다. 그래서 '창구'에 속하지 않은 일본인은 외국어 구어와의 접촉 기회가 지극히 제한되어 있었다. 이로 인해 가령 통사가 통역이나 번역의 현장에서 의도적인 개변을 가하더라도 통사 이외의 일본인은 이를 눈치채지 못하고 개변이 있을 수 있다는 사실조차 모르는 상황이 펼쳐졌다. 이는 류큐 왕국에서의 언어 정책·언어 상황과는 크게 다르다.

다만 '네 개의 창구'의 사람들이 (막부의 의향과 일치했다고만 생각할 수 없지만) 담당하고 있는 상대를 어떻게 보고 있었는지에 따라서 통역과 통사의 존재 양식은 크게 특색지어졌다.

'쓰시마 창구'에서는 쓰시마·조선 양측에 통사·역관이 있었다. 류큐 및 '나가사키 창구'의 대 당인 관계에서는 중국을 출신 기원으로 가진 사람들이 통사로 활동했다. 이 점은 명말 청초에 중국인이 대량으로 국외 이주하여 정착한 사실의 소산이라는 것만으로는 설명할 수 없다. '네 개의 창구'가 담당하고 있던 언어 중에서 조선·아이누·네덜란드어 통사와 달리 한어의 통사만이 자신들의 출신을 중국이라고 주장하고 있기 때문이다.

중국(특히 명조)이나 중국인에 대한 일본 사회의 동경이 배경에 있다고 생각하는 편이 자연스러울 것이다. 하지만 정도의 차이는 있더라도 조선인이나 당인唐人에게 일본어 학습을 금지하고 있었다는 기록은 없으며 각각의 상대가 가진 문화를 존중하는 체제를 가진 채로 임하고 있다는 점에서 공통된다고 말할 수 있다. 부산이나 푸저우로의 유학의 길이 열려 있었다는 사실과 한문이라는 문어를 공유하고 있었다는 점도 커다란 특징이다. 한어나 조선어에 대해서는 '통사 체제'가 제대로 기능하지 못했다고 볼 수 있을 것이다.

'마쓰마에 창구' 및 '나가사키 창구'의 대 네덜란드인 관계는 상대가 일본어를 배우는 일을 현장에서 저지했다는 점에서 유사하다. 이들 관계에서는 상대의 할 말에는 귀를 기울이지 않고 상대가 마쓰마에 번이든 막부든 그들에 대상으로 '소송'이 일어나는 일을 막고 관계의 독점을 유지하려고 하는 '창구'의 자세가 보인다. 물론 관계의 독점이 가능했던 배경에는 아이누나 네덜란드인이 한자를 읽고 쓰지 못해 통사 이외의 일본인과의 의사소통이 어려웠다는 사실이 있다. 그러나 그뿐만 아니라 한자(에도 시대에는 아직 한자를 마나眞名라고 부르는 일이 일상적으로 있었다)[34]를 읽고 쓸 줄 모른다는 사실 자체가 멸시의 원인이 되었다고도 생각된다. 일본 근세 전기에 '이인夷人'이라는 어휘가 사용된 것은 아이누와 유럽인에 관해서라는 견해가 있는데,[35] 그것과도 관계가 있으리라. 에조 통사나 네덜란드 통사는 그 멸시의 대가로 상대의 언어를 배우고 일본어와의 대화어휘집이나 사전을 만들었다. 그러나 근세의 '아이누학'이 마지막까지 아이누어나 아이누 사회의 증언자로서의(실리적인, 다른 관점으로 보자면 민족학民族學인) 의미밖에 가질 수 없었던 데에 비해 네덜란드 통사가 번역도 담당하는 토양으로부터 난학이 탄생했다. 난학은 일본의 주된 대외적 관심이 구미로 옮겨감에 따라 탄생했지만, 번역 행위 자체를 학문으로 간주하고 있다고까지 말할 수 있다는 점에서 주목할 만하다. 난학은 양학을 거쳐서 근대 일본의 학문적 본류를 이루어 간다.

---

34) [역주] 일본 문자인 가나(假名)에 비해 정식문자라는 의미로 마나(眞名)라 불렀다.
35) 菊池勇夫「境界と民旅」『アジアのなかの日本史 4. 地域と民族』東京大學出版會, 1992.

한편 일본어의 문어는 에도 시대를 통해 풍요로운 축적을 형성해갔다. 한문 문법을 부분적으로 받아들인 소로문을 오이에御家류 초서체로 써낼 수 있는 층이 무사층이나 도시에 한정된 것이 아니라, 산간이나 해변의 마을들에서도 일본 전체에 걸쳐 상당히 두텁게 발생했다. 표류민('네 개의 창구'에 속하지 않은 서민)이 상황에 따라 통역자의 역할을 맡을 수 있었던 배경에는 가나 정도라면 쓸 수 있는 일본어 소양을 가진 민중으로 확대되었다는 사실은 이미 아오키 미치오靑木美智男가 지적하고 있다.[36]

한학의 보급에 의해 지식인층의 한문 소양도 높아졌다. 한문 소양은 복잡한 개념을 구별하여 일본어로 표기하는 가능성을 크게 확대했다(현재도 '정부'와 '정권' 혹은 '요청'과 '요구' 등 한자가 아니라면 구별할 수 없는 표현은 무수히 존재한다). 이러한 일본어의 존재 양식은 근대의 유럽 언어를 일본어로 대량 '번역'(이 경우는 번역어의 생성이라는 의미)하는 일을 가능하게 했다고 할 수 있다.[37] 일본인이 아무리 구미에 반해서 유학을 하거나 번역을 통해서 '일본어'를 바꾸고 풍부하게 만들더라도 '일본어'의 우세를 위협하는 일은 없었다. 근세를 통해 준비된 일본어의 토양 위에 근대적인 어휘를 더해 창출된 '일본어'는 메이지기에 '국어'가 되고, 아이누어나 류큐어를 부정하며 '일본 민족' 창출의 일익까지도 짊어졌다.

---

36) 靑木美智男「通譯としての漂流民」『歷史評論』481, 1990.
37) 松方冬子「近世後期『長崎口』からの『西洋近代』情報・知識の受容と飜譯」『歷史學硏究』846, 2008.

후기와 참고문헌

저자 후기

대학원생 시절에 들었던 "미야자키 이치사다宮崎市定 씨의 『과거科擧』(1963)[1])와 같은 역사서가 이상적이다"라는 말이 늘 마음에 남아 있었다. 말하자면 "전문적이면서 알기 쉽고, 포괄적이면서 세부를 그리되, 제도에 관해 적으면서 그 안의 사람 얼굴까지 보인다"라는 것이다. 정말 그렇다고 생각했다.

그 『과거』의 출판사인 중공신서中公新書에서 "쓰지 않으실래요"라는 얘기를 학생 시절 이래의 지기인 군지 노리오郡司典夫씨로부터 받은 것은 10년도 더 전의 일이다. 당시에는 "박사논문을 마치면 쓰게 해주세요"라고 밖에 답을 할 수 없었다. 이제 드디어 약속을 지킬 수 있게 되었다. 『과거』에는 훨씬 못

---

1) 한국어판 전혜선 역 『과거, 중국의 시험지옥』, 역사비평사, 2016.

미치는 소저小著지만 그래도 기쁘다.

이 책의 대부분은 나의 박사논문『네덜란드 풍설서와 근세 일본』을 바탕으로 했다. 이 책의 세계에 흥미를 가져주신 분은 가능하면 그쪽도 읽어봐 주시면 좋겠다. 다만 그 책에서는 1859년의 마지막 풍설서를 때로는 '통상' 풍설서로 취급하고, 때로는 별단 풍설서로 취급하고 있다. 분명히 말하자면 논지에 뒤틀림이 있는 것이다. 그래서 이 책에서는 이러한 혼란을 정리하기 위해 '제3유형'이라고 분류해 보았다.

또한 제4장은 내가 처음으로 쓴 영어 논문을 기반으로 했다. 일본의 일본사 연구는 군말이 필요 없는 세계 제일의 수준이지만 안타깝게도 거의 일본어로만 발표되고 있다. 그래서 해외에서의 인지도가 너무나 낮다. 아깝기 그지없다.

네덜란드 풍설서는 내가 오랜 기간 가까이 해 온 주제이지만 신서의 형태로 만드는 일은 생각 외로 어려웠다. 이 책은 서로 다른 언어 사이의 커뮤니케이션의 노고를 다루고 있지만, 같은 일본어라도 '전하는' 일은 매우 어렵다고 새삼 느꼈다. 군지 씨의 질타와 격려 그리고 딸의 유익한 조언에 감사하고 싶다.

마지막으로 이 소저를 딸에게, 그리고 모든 젊은이들에게 바치는 일이 허락되기를 바란다. 누가 뭐라 해도 이 지구의 미래를 맡을 사람들은 그대들 밖에 없으니까.

2010년 1월
마쓰카타 후유코

역자 후기

한국 대학에서 일본의 에도 시대 역사를 가르칠 때 강조했던 점 중에 하나는, 일본은 19세기에 들어서 처음으로 서양과 대면한 것이 아니라는 점이다. 16세기에 이미 포르투갈과 스페인에서 온 가톨릭 선교사와 상인들과의 교류가 이루어졌고, 가톨릭을 금지한 이후인 17세기 초반 이후에는 네덜란드와 200년 이상 무역을 기초로 한 교류가 이루어졌다. 같은 시기의 한반도 역사와 비교해 볼 때 가장 두드러지는 차이점 중 하나가 바로 이러한 서양과의 직접적인 교류 사실이다. 그러나 이 책의 결론이 보여주고 있다시피 장기간에 걸친 교류가 반드시 더 깊은 상호 이해로 이어진 것은 아니었다. 그러한 의미에서 네덜란드 풍설서 자체가 도쿠가와 일본 역사에 중대한 영향력을 끼쳤다고 볼 수는 없다. 그럼에도 불구하고 에도 시대의 일본인들이 직접 서양인들과 대면하고 정보를 수집해보았다는 경험 자체가, 1853년에 들이닥친 미국의 '개국' 요구에 도쿠가와 정부가 자체적으로 대처할 수 있던 바탕이 되었음은 부정할 수 없다.

하지만 저자가 지적한 바와 같이, 네덜란드 풍설서의 가장 큰 의의는 그와 같은 실질적인 역사적 영향력의 유무에 있지 않다. 그보다 더 보편적인 차원에서의 인간의 문제, 즉 나와 다른 타자를 어떻게 이해할 것인가에 대한 역사적 고찰 대상으로서 흥미롭다.

후기와 참고문헌

　이 책은 네덜란드 풍설서 연구의 권위자인 마쓰카타 후유코의 연구성과로 원저는 2010년에 출간되었다. 박사 논문을 단행본으로 출간한 『네덜란드 풍설서와 근세 일본オランダ風説書と近世日本』(동경대학출판회, 2007)을 쉽고 간결하게 정리해 신서판으로 낸 책이다. 마쓰카타의 연구가 나오기까지 네덜란드 풍설서 연구는 일본 측에서 번역한 일어로 된 풍설서 자료를 중심으로 이루어졌다. 또한 풍설서 작성 과정에 관해, 네덜란드 측에서 네덜란드어로 작성된 풍설서의 원문을 제공했고 이것을 일본의 통역자가 일본어로 번역했다고 보는 것이 정설이었다. 하지만 명확하게 '풍설서'에 해당하는 네덜란드어 어휘가 등장하지 않는 네덜란드측 자료들을 보면서 마쓰카타는 네덜란드어로 작성된 풍설서 원문이란 애초에 존재하지 않았던 것이 아닐까라는 의문을 품게 되었다. 그리고 그러한 관점에서 네덜란드 상관장 기록 및 다양한 네덜란드어 사료 분석을 통해 그러한 추론에 다양한 근거를 제시하여 정리한 것이 이 책이다.

　보론인 「통역과 '네 개의 창구'」는 역자의 요청에 의해 저자가 제공한 논문이다. 여기에서는 근세 일본이 외부와 연결되었던 네 개의 채널 현장에서 각각의 언어가 어떻게 통역되었는지의 문제를 다루고 있다. 나가사키長崎・쓰시마對馬・마쓰마에松前・사쓰마薩摩의 창구를 통해, 각각 네덜란드 및 중국・조선・에조蝦夷・류큐琉球와 교류했던 현장에서의 소통 문제 전체를 간단하게 짚어주는 작업은 이 책의 내용과 더불어 근세 일본의 대외관계 이해에 유용한 길잡이가 될 것으로 기대된다.

저자인 마쓰카타 후유코 선생님은 현재 일본의 도쿄대학에서 네덜란드어 사료를 중심으로 한 근세 일본의 대외관계사 연구를 진행하시면서 《글로벌 히스토리를 위한 비非영어사료 편찬소 Historiographical Institute for Non-English Sources》 설립을 위한 프로젝트를 이끌고 계시다. 짐작하기조차 어려운 바쁜 스케줄 속에서 일면식도 없는 역자의 요청에 한국어판 서문과 보론을 흔쾌히 제공해주셨을 뿐만 아니라 역자의 질문에도 신속하게 답해주셨다. 이 자리를 빌어 깊은 감사의 인사를 올린다. 오래전에 읽은 책이지만 번역 작업을 통해 새삼 마쓰카타 선생님의 사료 분석 과정이 거쳤을 지난한 시간을 실감하며 연구자로서의 성실성과 끈기 그리고 통찰력에 감탄했다.

마지막으로 본 번역 프로젝트를 기획하고 참여의 기회를 주신 박훈 선생님, 그리고 함께 프로젝트를 진행해 온 김선희 선생님, 이은경 선생님, 조국 선생님께도 감사의 말씀을 올린다.

2023년 11월
역자 이새봄

주요 참고문헌과 사료일람

본서 전반

- 板澤武雄『阿蘭陀風說書の硏究』日本古文化硏究所報告第三, 1937; 해설 부분을 개정보완한 板澤武雄『日蘭文化交涉史の硏究』吉川弘文館, 1959.
- 今來陸郎編『中歐史新版』山川出版社, 1971.
- 片桐一男『阿蘭陀通詞の硏究』吉川弘文館, 1985.
- 金井圓『近世日本とオランダ』放送大學敎育振興會, 1993.
- 科野孝藏『オランダ東インド會社』同文館, 1984.
- 永積昭『オランダ東インド會社』近藤出版社, 1971.
- 日蘭學會·法政蘭學硏究會編『和蘭風說書集成』上·下, 吉川弘文館, 1977·1979.
- 法政蘭學硏究會編『和蘭風說書集成』上·下, 日蘭學會, 1976, 1979.
  『和蘭風說書集成』은 吉川弘文館과 日蘭學會판 내용이 거의 일치한다.
- 松方冬子『オランダ風說書と近世日本』東京大學出版會, 2007.
- 森田安一 編『スイス·ベネルクス史』山川出版社, 1998.
- インドネシア國立文書館所藏 一般書記局文書(Arsip Nasional Republik Indonesia, Algemene Secretarie).

- オランダ國立中央文書館所藏 植民省文書(Algemeen Rijksarchief / Nationaal Archief, Ministerie van Koloniën [2.10.01&2.10.02]).
- オランダ國立中央文書館所藏 日本商館文書(Nederlandse Factorij in Japan [1.04.21]).
- オランダ國立中央文書館所藏 連合東インド會社文書(Verenigde Oostindische Compagnie [1.04.02]).

들어가는 말

- Meijlan, Germain Felix. *Geschiedkundig overzigt van den Handel der Europezen op Japan.* Batavia, 1833.

1장

- 荒野泰典『近世日本と東アジア』東京大學出版會, 1988.
- 荒野泰典「江戸幕府と東アジア」荒野編『日本の時代史一四 江戸幕府と東アジア』吉川弘文館, 2003.
- 岩牛成一「オランダ風說書の研究と現存狀態について」『日本歷史』181, 1963.
- 岩下哲典『幕末日本の情報活動「開國」の情報史』雄山閣出版, 2000.
- 梶輝行「長崎聞役と情報」, 眞榮平房昭・岩下哲典編『近世日本の海外情報』岩田書院, 1997.

- 片桐一男「蘭船の長崎入港手續と阿蘭陀風說書」『長崎市立博物館館報』7, 1967.
- 片桐一男「阿蘭陀風說書についての一考察」上『日本歷史』226, 1967.
- 片桐一男「鎖國時代にもたらされた海外情報」『日本歷史』249, 1969.
- 片桐一男「海外情報の飜譯過程と阿蘭陀通詞」『靑山學院大學總合硏究所人文學系硏究センター硏究叢書』第14號『言語・文化の東と西』靑山學院大學總合硏究所人文學系硏究センター, 2000.
- 片桐一男校訂『鎖國時代對外應接關係史料』近藤出版社, 1972.
- 片桐一男, 服部匡延校訂『年番阿蘭陀通詞史料』近藤出版社, 1977.
- 京口元吉「甲比丹と和蘭風說書」『史觀』24–27, 1939–1940.
- 幸田成友「寬政九巳年の和蘭風說書」『史學』16, 1937.
- 佐藤隆一「彦根・土浦兩藩と阿蘭陀風說書」, 片桐一男編『日蘭交流史 その人・物・情報』思文閣出版, 2002.
- 嶋村元宏「阿部家舊藏『別段風說書』について!ペリー來航前夜の世界情勢」『神奈川縣立博物館硏究報告—人文科學—』21, 1995.
- トビ, ロナルド『近世日本の國家形成と外交』速水融, 永積洋子, 川勝平太譯, 創文社, 1990.

- 鳥井裕美子編譯「本木蘭文」目錄『長崎縣文化財報告書第131集 長崎奉行所關係文書調查報告書』長崎縣教育委員會, 1997.
- 長崎縣史編集委員會編『長崎縣史 對外交涉編』吉川弘文館, 1986.
- 永積洋子「會社の貿易から個人の貿易へ―十八世紀日蘭貿易の變貌―」『社會經濟史學』60-3, 1994.
- 沼倉延幸「開國前後, 長椅における海外情報の收集傳達活動について―熊本藩・五鳥藩長崎聞役留守居の活動を中心に」『書陵部紀要』47, 1996.
- 沼田次郎「オランダ風說書について」『日本歷史』50, 1952.
- 福地源一郎『長崎三百年間―外交變遷事情』博文館, 1902.
- 藤田覺「近世後期の情報と政治―文化年間日露紛爭を素材として」『東京大學日本史學研究室紀要』4, 2000.
- 藤田彰一「阿蘭陀別段風說書の漏洩」『洋學史研究』4, 1987.
- 眞榮平房昭「近世日本における海外情報と琉球の位置」『思想』796, 1990.
- 眞榮平房昭, 岩下哲典編『近世日本の海外情報』岩田書院, 1997.
- 松井洋子「長崎におけるオランダ通詞職の形成過程―オランダ語史料に見る「小通詞」の成立まで―」『日

蘭學會會誌』21-2, 1997.
- 松浦章『海外情報からみる東アジア―唐船風説書の世界―』淸文堂出版, 2009.
- 武藤長藏「長崎出島和蘭商館長の風說書」『商業と經濟』22-2, 1942.
- 森克己「國姓爺の臺灣攻略とオランダ風說書」『日本歷史』48, 1952.
- 山本博文『鎖國と海禁の時代』校倉書房, 1995.

2장

- 遠藤周作『沈默』新潮社, 1981.
- 黑板勝美, 國史大系編修會編『新訂增補國史大系 德川實紀』4, 吉川弘文館, 1976.
- 東京大學史料編纂所編『日本關係海外史料 オランダ商館長日記』譯文編6-10, 1987-2005.
- 長崎市役所『長崎市史 通交貿易編西洋諸國部』長崎市役所, 1938/淸文堂出版, 1967復刻.
- 長崎市立シーボルト記念館所藏中山文庫「風說書」.
- 永積洋子「オランダ人の保護者としての井上筑後守政重」『日本歷史』327, 1975.
- 藤井讓治監修『江戸幕府日記：姬路酒井家本』10, ゆまに書房, 2003.
- ヘスリング, レイニアー・H『オランダ人捕縛から探

る近世史』鈴木邦子譯, 山田町敎育委員會, 1998.
- 松方冬子「風說書確立以前のオランダ人による情報提供について」『東京大學史料編纂所硏究紀要』9, 1999.
- 山本博文『寬永時代』吉川弘文館, 1989.
- Nagazumi Yoko. "Japan's Isolationist Policy as seen through Dutch Source Materials", *Acta Asiatica* 22, 1972.

3장

- 紙屋敦之『大君外交と東アジア』吉川弘文館, 1997.
- 木村直樹「十七世紀後半の幕藩權力と對外情報―1673年リターン號事件をめぐって」『論集きんせい』20, 1998.
- 木村直樹「異國船紛爭の處理と幕藩制國家」, 藤田覺編『一七世紀の日本と東アジア』山川出版社 2000.
- 幸田成友「フランソア・カロンの生涯」, フランソア・カロン著, 幸田成友譯『日本大王國志』平凡社, 1967.
- 淸水紘一「參府蘭館長に傳達された南蠻に關する『上意』について」『中央史學』20, 1997.
- 永積洋子「十七世紀後半の情報と通詞」『史學』60-4, 1991.
- バーク, ピーター著 井山弘幸・城戶淳譯『知識の社會史―知と情報はいかにして商品化したか』新曜社, 2004.
- 林韑編『通航一覽』6, 國書刊行會, 1922/淸文堂出版,

1967年復刻.
- 村上直次郎譯注, 中村孝志校注『バタヴィア城日誌』 3, 平凡社, 1975.
- Dahl, Folke. "Amsterdam : Earliest Newspaper Centre of Western Europe." *Het Boek* 25, 1939.
- Haan, F. de. *Oud Batavia Gedenkboek uitgegeven door het Bataviaasch Genootschap van Kunsten en Wetenschappen naar aanleiding van het driehonderdjarig bestaan der stad in 1919.* Batavia, 1922.
- Schneider, Maarten. *De Nederlandse Krant : van 'Nieuwstydinghe' tot Dagblad-concentratie.* Amsterdam, 1968.
- Von Faber, G. H. *A short history of Journalism in the Dutch East India.* Sourabaya, 1930.

4장

- 飯岡直子「アユタヤ國王の對日貿易―鎖國下の長崎に來航した暹羅船の渡航經路の檢討」『南方文化』24, 1997.
- エイクマン, A·J / スターペル, F·W著 村上直次郎·原徹郎譯『蘭領印度史』東亞研究所, 1942.
- 岡本さえ『イエズス會と中國知識人』山川出版社, 2008.
- ケンペル, エンゲルベルト著 今井正譯『日本誌―日本の歷史と紀行』霞ケ關出版, 1973.

- ドゥーフ, ヘンドリック著 永積洋子譯『新異國叢書 ドゥーフ日本回想錄』雄松堂出版, 2003.
- 日蘭學會編, 日蘭交涉史研究會譯注『長崎オランダ商館日記』2・4, 雄松堂出版, 1990・1992.
- 林春勝, 林信篤編『華夷變態』上, 東洋文庫, 1958.
- 藤田覺『近世後期政治史と對外關係』東京大學出版會, 2005.
- 松本英治「レザノフ來航豫告情報と長崎」, 片桐一男編『日蘭交流史 その人・物・情報』思文閣出版, 2002.
- 八百啓介「出島商館來航オランダ船について—1641–1740年」『洋學史研究』7, 1990.
- 横山伊德「18–19世紀轉換期の日本と世界」, 歷史學研究會, 日本史研究會編『日本史講座七 近世の解體』東京大學出版會, 2005.
- 横山伊德編『オランダ商館長の見た日本―ティツィング往復書翰集』吉川弘文館, 2005.
- Lequin, Frank. *Het personeel van de Verenigde Oost-Indische Compagnie in Azië in de achttiende eeuw, meer in het bijzonder in de vestiging Bengalen.* Alphen aan den Rijn, 2005.
- Matsukata Fuyuko. "From the Threat of Roman Catholicism to the Shadow of Western Imperialism: Changing Trends in Dutch News Reports Issued to the Tokugawa Bakufu, 1690–1817" in *Large and Broad: The Dutch Im-*

pact on Early Modern Asia; Essays in Honor of Leonard Blussé, ed. Nagazumi Yoko, *Toyo Bunko Research Library* 13. Tokyo, 2010.

- Ruangsilp, Bhawan. *Dutch East India Company Merchants at the Court of Ayutthaya: Dutch Perceptions of the Thai Kingdom, c.1604–1765.* Leiden and Boston, 2007.
- Schrikker, Alicia. "Een ongelijke strijd? De oorlog tussen de Verenigde Oost-Indische Compagnie en de koning van Kandy, 1760 - 1766". in *De Verenigde Oost-Indische Compagnie tussen oorlog en diplomatie*, ed. Geriit Knaap and Ger Teitler. Leiden. 2002.
- Schrikker, Alicia. *Dutch and British colonial intervention in Sri Lanka c. 1780 - 1815 : Expansion and Reform.* Leiden and Boston. 2007.

5장

- 岩井大慧監修, 沼田鞆雄, 市古宙三, 河鰭源治等解說『支那叢報解說』丸善株式會社, 1942–1944年(なお『支那叢報』とはChinese Repositoryの中國名であり, この解說は, 同紙の復刻版の附錄として出版された).
- 植田捷雄「南京條約の研究一」『國際法外交雜誌』45–3,4, 1946.
- 植田捷雄「續南京條約の研究」『國際法外交雜誌』46–

3, 1947.
- 勝做舟全集刊行會編『勝海舟全集一八開國起源』IV, 講談社, 1975.
- 黑板勝美, 國史大系編修會編『新訂增補國史大系　續德川實紀』2, 吉川弘文館, 1976.
- 國立公文書館內閣文庫藏「阿片招禍錄」.
- 小西四郎「阿片戰爭の我が國に及ぼせる影響」『駒澤史學』創刊號, 1953.
- 財團法人鍋島報效會所藏, 佐賀縣立圖書館寄託「籌邊新編」.
- 坂野正高『近代中國政治外交史: ヴァスコ・ダ・ガマから五・四運動まで』東京大學出版會, 1973.
- 佐藤昌介『洋學史研究序說―洋學と封建權力』岩波書店, 1964.
- 一橋大學附屬圖書館所藏「天保十五辰年從七月至八月阿蘭陀本國船渡來一件　伊澤美作守取扱手扣」.
- 藤田覺『幕藩制國家の政治史的研究: 天保期の秩序・軍事・外交』校倉書房, 1987.
- 松方冬子「中國のアヘン問題に對するオランダの對應―1837–1843―」『日蘭學會通信』120, 2007.
- 安岡昭男「和蘭別段風說書とその內容」『法政大學文學部紀要』16, 1971.
- 橫山伊德「日本の開港とオランダの外交―オランダ外務省文書試論」, 荒野泰典, 石井正敏, 村井章介『ア

ジアのなかの日本史II—外交と戰爭』東京大學出版會, 1992.
- King, Frank H. H. (ed.) and Clarke, Prescott. *A Research Guide to China-coast Newspapers, 1822–1911*, published by the East Asian Research Center Harvard University. 1965.

6장

- 片桐一男「阿蘭陀風說書についての一考察」上『日本歷史』238, 1976.
- 金井圓「嘉永5(1852)年の和蘭別段風說書について」『日蘭學會會誌』13-2, 1989.
- 栗原福也「イザーク・ティツィング『長崎商館の祕密日記1782年〜1783年』, 本商館に生じた諸事件に關する特別の記錄」『經濟と社會東京女子大學社會學會紀要』20, 1992.
- 東京大學史料編纂所編『大日本古文書 幕末外國關係文書』22, 東京大學, 1939/東京大學出版會 1973覆刻.
- 長崎縣立長崎圖書館編『安政二年萬記帳 オランダ通詞會所記錄』鄕土史料叢書一, 長崎縣立長崎圖書館, 2001.
- 長崎歷史文化博物館所藏長崎縣立長崎圖書館舊藏「從安政四年至慶應二年 諸上書銘書 全」.

- フォス美彌子編譯『幕末出島未公開文書:ドンケル=クルチウス覺え書』新人物往來社, 1992.
- フォス美彌子編譯『開國日本の夜明け:オランダ海軍ファビウス駐留日誌』思文閣出版, 2000.
- 松方冬子「1857(安政4)年最後の別段風說書蘭文テキスト」上・下『日蘭學會會誌』31-1・32-1, 2006・2007.
- 松方冬子「1853(嘉永6) 年の別段風說書蘭文テキスト」『東京大學史料編纂所研究紀要』18, 2008.
- 松方冬子・矢森小映子「1847(弘化4)年の別段風說書蘭文テキスト」『日蘭學會會誌』33-1, 2008.
- 矢森小映子「1853(嘉永6) 年の別段風說書蘭文テキスト」『洋學』17, 2009.

맺음말

- 網野徹哉『インカとスペイン 帝國の交錯』講談社, 2008.
- 松方冬子「近世後期『長崎口』からの『西洋近代』情報・知識の受容と飜譯」『歷史學研究』846, 2008.
- 三好千春「アヘン戰爭に關する燕行使情報」『史艸』30, 1989.
- 山本博文『長崎聞役日記―幕末の情報戰爭』筑摩書房, 1999.
- 渡邊浩「『御威光』と象徵―德川政治體制の一側面」『思想』740, 1986 /『東アジアの王權と思想』東京大學

出版會, 1997に採錄.
- Tanaka-Van Daalen, Isabel. "Communicating with the Japanese under Sakoku: Dutch Letters of Complaint and Attempts to Learn Japanese," in *Large and Broad The Dutch Impact on Early Modern Asia Essays in Honor of Leonard Blussé*, ed. Nagazumi Yoko, *Toyo Bunko Library 13*. Tokyo, 2010.

보론

각주 외의 것만 나열했다.

- 網野善彦「東國と西國, 華北と華南」『アジアのなかの日本史 4 地域と民族』東京大學出版會, 1992.
- 片桐一男『阿蘭陀通詞の研究』吉川弘文館, 1985.
- 片桐一男「通詞と奉行・カピタン」『日蘭交流史: その人・物・情報』思文閣出版, 2002.
- 田中克彦『ことばと國家』岩波書店, 1981.
- H. ドゥーフ『新異國叢書 日本回想錄』雄松堂書店, 2003.
- 德永和喜『薩摩藩對外交涉史の研究』九州大學出版會, 2005.
- 永積洋子「十七世紀後半の情報と通詞」『史學』60-4, 1991.
- 松方冬子『オランダ風說書と近世日本』東京大學出版會, 2007.

- 横山伊德「出島下層勞働力研究序說—大使用人マツをめぐって—」『オランダ商館長の見た日本：ティツィング往復書翰集』吉川弘文館, 2005.
- 渡邊美季「近世琉球における外國人漂着民收容センターとしての 泊村」『世界に拓く沖繩研究』, 2003.

에도시대 막부 관직 구조

일러두기

전국시대 이후 직제가 점차 확충되었으며 3대 쇼군 도쿠가와 이에미쓰 시대에 주요 직제가 정비되었다. 중요 직위는 후다이다이묘와 하타모토가 취임했다. 행정과 사법이 구분되지 않았으며 최고위급 재판은 효조쇼^{評定所}에서 로주와 산부교가 합의하여 진행했다. 로주의 지휘가 기본이며 평시편성과 전시편성이 일치했다.

막부 말기에는 정세 변화에 따라 다양한 역직이 일시적으로 등장했다.

아래의 신분은 명백하게 구분되었다.

- 후다이다이묘^{譜代大名} : 에도막부 성립 이전부터 도쿠가와에 충성한 다이묘.
- 하타모토^{旗本} : 쇼군 배알 가능한 1만석 이상 무사.
- 고케닌^{御家人} : 쇼군 배알 불가능한 하급 무사.

중요 요직인 산부교^{三奉行} 는 박스로 묶었다. 별표(*)는 에도성 밖의 관직이다. 본문에 언급된 관직과 주요 관직 위주로 정리했다.

후다이다이묘급 주요 관직

다이代는 대리라는 뜻으로 예를들어 오사카조다이의 경우 쇼군이 오사카성주도 겸임하지만 이를 대리하여 관리한다는 의미이다.

- 다이로大老 : 막부 최고위직이나 상설이 아님.
- 로주老中 : 사실상 막부 최고위직. 4-5명 임명.
- 소바요닌側用人 : 쇼군의 비서이자 로주와의 연락책.
- 와카도시요리若年寄 : 로주 보좌역. 2-6명 임명.
- 지샤부교寺社奉行 : 사찰과 신사 관리역. 4-5명 임명.
- 교토쇼시다이京都所司代* : 교토성 호위와 조정, 간사이 서쪽 지역의 다이묘 감시역. 교토, 나라 마치부교 관리역.
- 오사카조다이大坂城代* : 오사카성 책임자 겸 호위역.

로주 지배 하타모토급 주요 관직

로주 지배 관직이 주요 행정을 처리했다. 부교奉行는 부서의 총괄 책임자. 밑줄은 하타모토가 아니라 고케닌 이하 신분이 담당한 실무 역할이다.

- 오메쓰케大目付 : 다이묘 감찰역.
    - 슈몬아라타메야쿠宗門改役 : 기리시탄 적발, 민중조사역.
- 오반가시라大番頭 : 에도성 경비.
- 마치부교町奉行 : 관할내 행정, 사법, 경찰역. 책임자급. 2명.
    - 요리키与力 : 에도에 50명 정도 있었던 행정, 사법 지휘자역.
    - 도신同心 : 에도에 200명 정도 있었던, 요리키의 지휘를 받는 실무자.
- 간조부교勘定奉行 : 막부와 직할령의 재정 관리역.
    - 군다이郡代 : 직할령의 실무 관리자. 10만석 이상.
    - 다이칸代官 : 직할령의 실무 관리자. 10만석 이하.
- 사쿠지부교作事奉行 : 막부 관계의 건물 조영과 수선 등을 총괄.
- 후신부교普請奉行 : 성벽과 상수 등 토목 관계의 일을 담당.
- 루스이留守居 : 오오쿠 관리. 쇼군 출행시 에도성 경비역.
- 조다이城代* : 성의 경비역. 오사카, 슨푸, 후시미, 교토에 설치했으며 오사카조다이는 후다이다이묘급이고 나머지는 하타모토급. 조반定番.
- 온고쿠부교遠國奉行* : 중요 지방의 부교. 나가사키 부교나 교토 마치부교 등.

와카도시요리 지배 하타모토급 주요 관직

가시라^頭는 구미^組의 우두머리.

- 쇼인반가시라^{書院番頭} : 쇼군 호위역.
- 고쇼구미반가시라^{小姓組番頭} : 쇼군 호위역.
    - <u>고쇼</u>^{小姓} : 시중 무사.
- 메쓰케^{目付} : 하타모토, 고케닌 감찰역.
- 쓰카이반^{使番} : 전시에는 전령, 평시에는 감찰역.
- <u>쇼모쓰부교</u>^{書物奉行} : 서적 관리역. 3-5명 임명.
- 덴몬가타^{天文方} : 천문, 역법 관리역.

기타

자주 언급되는 여러 하위 관직들이다.

- <u>지토</u>^{地頭} : 시대에 따라 역할이 다르지만 주로 장원이나 영지의 실무 관리자.
- <u>데다이</u>^{手代} : 군다이, 다이칸, 지샤부교 등에 직속되어 사무를 담당한 관리. 데쓰키^{手付}.

찾아보기

【ㄱ】
가라후토 56, 121, 204
가지메노오시마 사건 58
건륭제 44, 223, 226
구메촌 233, 234, 238
구쓰키 마사쓰나 145
기리시탄 ... 56, 58, 61, 71, 74, 122, 134, 135, 215, 268

【ㄴ】
나가사키 창구 29, 31, 32, 57, 58, 232, 238, 243
나폴레옹 120, 153, 156, 157, 159
난징조약 163, 169, 179, 181, 198
네 개의 창구 29, 30, 33, 56, 57, 121, 223, 224, 226, 227, 230, 234, 242, 243, 245, 250
네덜란드 동인도회사 28, 47, 59, 63, 66, 78, 85, 86, 92, 93, 95, 97, 99, 102–106, 108, 109, 112, 114, 118, 119, 122, 124–126, 128, 130, 132–134, 136, 139, 141, 142, 144, 146–148, 158, 213, 238, 239

【ㄷ】
다카시마 슈한 165, 172
당선 23, 32, 34, 45, 46, 57, 58, 60, 65, 94, 118, 135, 149, 238
당선 풍설서 23, 123, 134
도신 268
도쿠가와 이에미쓰 266

【ㄹ】
란스트 93, 95–100
러더퍼드 올콕 204
러일화친조약 184
레자노프 148, 151, 154
리턴호 사건 84, 101, 102

【ㅁ】
마쓰다이라 사다노부 144
마쓰마에 창구 235, 243
명예혁명 130, 131
모리슨호 사건 162, 164
미일화친조약 184

찾아보기

【ㅂ】
벨기에 독립 50, 163
별단 풍설서 34, 36-
    38, 52, 53, 161, 166-173,
    175-179, 181, 182, 185-
    192, 194-196, 199-206,
    209, 215, 217, 220, 248

【ㅅ】
사쓰마 창구 233, 234, 242
사역원 232
상관장 일기 64,
    65, 73, 74, 76, 78, 79,
    90, 91, 110, 123, 127,
    140, 142, 144, 155, 216
샴 풍설서 123
세포이 항쟁 193
쇄국 29, 31, 33, 34,
    38, 56, 57, 94, 102, 121,
    122, 136, 138, 212, 224
쇄국조법관 121
쇼토쿠 신례 125, 133
수에즈 운하 195, 205, 207
시노세 85-90, 99, 100
시부카와 로쿠조 166
신수급여령 164, 172
실론 59,
    111, 120, 139-141, 193
쓰시마 창구 230, 232, 243

【ㅇ】
아메노모리 호슈 231
아베 마사히로 187
아편 문제 169, 172
아편전쟁 162, 164,
    168, 169, 181, 185, 193,
    205, 207, 211, 215, 218
애로호 사건 185
에조치 56, 235
엥겔베르트 캠퍼 136
연행사 211
영국 동인도회사 101, 118,
    128, 136, 139, 151, 162
영란전쟁 84,
    91, 119, 143, 157
영일화친조약 184
왕샤조약 188
왜관 230-232
왜학역관 231, 232
이국선 타불령 164
이노우에 마사시게 68,
    71, 74, 80, 86, 135
이삭 티칭 48, 144
이탈리아 통일전쟁 205
일란화친조약 184
임칙서 162

【ㅈ】
장소청부제 235, 236
정성공 60, 85
정지룡 60
정크선 44, 45, 65,
    124-127, 134, 135, 141
주변신편 173

주인선 56

【ㅊ】
천해령 85, 118

【ㅋ】
크림 전쟁 184, 195

【ㅌ】
태평천국의 난 184, 194
통사 체제 226, 243
통상 풍설서 25,
　　　　34-37, 39, 40, 45, 48,
　　　　52, 53, 99, 103, 115,
　　　　153, 165-168, 182, 196,
　　　　198-200, 205, 206, 248
통신사 211

【ㅍ】
판 엘세락 65, 70, 71, 73
페이튼호 사건 156, 160
페트라차 ... 125, 128, 132-134
포르투갈인 추방
　.. 31, 57, 61, 143
프랑스 동인도회사 92,
　　　　93, 125, 134, 136
프랑스 혁명 150, 157

【ㅎ】
해외도항금지 31, 57
헤르마인 펠릭스 메일란 ... 21
헨드릭 두프 148, 240
후먼조약 169, 175